Yann Caudal et Nicole Masson

Cahier de vacances
POUR ADULTES

COUPE DU MONDE DE RUGBY 2023
OFFICIEL

RUGBY WORLD CUP FRANCE 2023
OFFICIAL PRODUCT

1987

Depuis 1948, il était question d'organiser une compétition entre les hémisphères Nord et Sud. En 1985, la décision est prise : la première Coupe du Monde de Rugby réunira 16 équipes deux ans plus tard.

QUIZ

Quel était le pays organisateur de la première Coupe du Monde de Rugby ?

- ○ L' Australie
- ○ La Nouvelle-Zélande
- ○ L' Australie et la Nouvelle-Zélande

Comment les équipes participantes ont-elles été déterminées ?

- ○ Sur invitation
- ○ Par des épreuves de qualifications

Quelles équipes ont disputé la petite finale ?

- ○ L'Australie
- ○ L'Angleterre
- ○ Le pays de Galles

DANS L'ORDRE

Classez ces joueurs dans l'ordre du nombre de points marqués et vous reconstituerez le nom du joueur qui a marqué le premier essai de la finale :

N - Gavin Hastings (Écosse)
O - Michael Lynagh (Australie)
S - Jonathan Webb (Angleterre)
J - Grant Fox (Nouvelle-Zélande)
E - Didier Camberabero (France)

_ _ _ _ _

CHASSEZ L'INTRUS

Parmi ces joueurs français, lequel n'a pas joué la finale de 1987 ?

- ○ Blanco
- ○ Benazzi
- ○ Sella
- ○ Mesnel
- ○ Rodriguez

DANS L'ORDRE

En classant les matchs du XV de France dans l'ordre chronologique, vous pourrez reconstituer le nom du joueur qui a marqué le dernier essai néo-zélandais pendant la finale :

N - Nouvelle-Zélande
I - Roumanie
K - Écosse
A - Australie
W - Fidji
R - Zimbabwe

_ _ _ _ _ _

SOLUTIONS P. 62

Après l'hémisphère Sud, l'organisation de l'édition de 1991 est confiée aux Cinq Nations de l'hémisphère Nord et voit la victoire de l'Australie.

1991

LOGIGRILLE

Reconstituez le parcours de la France dans les poules de l'édition 1991 en retrouvant, pour chaque pays adversaire, le score de la rencontre et l'auteur du premier essai français.

Faites jouer votre logique et servez-vous des indices ci-dessous pour reporter vos déductions dans le tableau sous forme de croix.

Lafond a marqué le premier essai dans le match le plus serré mais pas contre la Roumanie.

Les Fidjiens ont marqué davantage que les Roumains, mais moins que le Canada.

Saint-André n'a pas inscrit le premier essai contre le Canada.

	36-9	30-3	19-13	SAINT-ANDRÉ	SELLA	LAFOND
ROUMANIE						
FIDJI						
CANADA						
LAFOND						
SELLA						
SAINT ANDRÉ						

QUIZ

La Coupe du Monde de Rugby 1991 a été organisée par les pays des Cinq Nations. Lequel a accueilli le plus de matchs ?

- O La France
- O L'Écosse
- O L'Angleterre

En France, 8 villes ont été retenues pour accueillir la Coupe de Monde de Rugby dont :

- O Brive
- O Marseille
- O Bordeaux
- O Agen

Quel est le seul pays organisateur à ne pas s'être qualifié pour les quarts de finale ?

- O La France
- O Le pays de Galles
- O L'Irlande

Où s'est jouée la finale ?

- O À Dublin
- O À Londres
- O À Cardiff

Cette édition a été remportée par l'Australie. Était-ce :

- O Son premier titre ?
- O Son deuxième titre ?

SOLUTIONS P. 62

ANAGRAMME

Quel arrière de l'équipe de France, surnommé « le Pelé du rugby », se cache derrière cette anagramme :

Glaçon Serbe

S_ _ _ _ B_ _ _ _ _

1995

Après la fin de l'apartheid, l'Afrique du Sud a fait des débuts fracassants dans la Rugby World Cup en organisant ce premier tournoi en Afrique et en le remportant.

LOGIGRILLE

Reconstituez le parcours de l'Afrique du Sud en phase d'élimination directe lors de la compétition de 1995 en retrouvant, pour chaque pays adversaire, le score de la rencontre et les phases finales.

Faites jouer votre logique et servez-vous des indices ci-dessous pour reporter vos déductions dans le tableau sous forme de croix.

En demies, ils ont marqué plus de points que face à la Nouvelle-Zélande mais moins qu'en quarts.

Ils ont joué la France après leur victoire 42-14.

	42-14	19-15	15-12	FINALE	DEMIES	QUARTS
FRANCE						
NOUVELLE-ZÉLANDE						
SAMOA						
QUARTS						
DEMIES						
FINALE						

QUIZ

Jusqu'où la France est-elle allée ?

- O Quarts de finale
- O Demi-finale
- O Finale

Combien d'essais furent marqués pendant la finale ?

- O Aucun
- O 2
- O 4

Quel joueur a fini meilleur réalisateur du tournoi ?

- O Le Français Thierry Lacroix
- O L'Australien Michael Lynagh
- O L'Anglais Rob Andrew

ANAGRAMME

Quel deuxième ligne de l'équipe de France, parfois surnommé « l'Homme et demi », se cache derrière cette anagramme :

Rivière Molle

O_ _ _ _ _ _ M_ _ _ _

DANS L'ORDRE

En replaçant ces adversaires de l'équipe de France dans l'ordre chronologique, vous formerez le nom d'un arrière français qui marqua un essai pendant cette Coupe du Monde de Rugby.

R - Irlande
I - Côte d'Ivoire
S - Afrique du Sud
V - Tonga
A - Écosse

_ _ _ _ _

SOLUTIONS P. 62

Organisée par le pays de Galles, l'édition 1999 confirme la domination de l'hémisphère Sud avec une victoire de l'Australie qui bat la France en finale.

1999

MOTS MÊLÉS

Retrouvez et rayez les noms de ces joueurs qui ont participé à la finale 1999 entre l'Australie et la France. Les lettres restantes formeront le nom du stade où s'est déroulée la rencontre.

AUSTRALIE

BLADES
BURKE
COCKBAIN
EALES
FOLEY
GREY
HARRY
HERBERT
HORAN
KEFU
LITTLE
PAUL
ROFF
TUNE
WILSON

FRANCE

COSTES
DOURTHE
GLAS
IBAÑEZ
MAGNE
MOLA
PELOUS

S	A	L	G	E	N	G	A	M	M	I
L	L	I	T	T	L	E	P	A	U	L
L	E	T	R	E	B	R	E	H	S	N
N	A	R	O	H	N	H	I	U	N	S
U	G	R	E	Y	T	M	O	O	E	S
F	H	A	R	R	Y	L	S	D	S	Z
T	F	T	U	S	E	L	A	E	M	E
K	U	O	A	P	I	L	T	O	K	N
E	D	N	R	W	B	S	L	R	D	A
F	O	L	E	Y	O	A	U	I	U	B
U	M	C	O	C	K	B	A	I	N	I

Nom du stade gallois où s'est déroulée la rencontre :

_ _ _ _ _ _ _ _ _ _   _ _ _ _ _ _ _

ANAGRAMME

Quel deuxième ligne, plus gros palmarès du rugby français, se cache derrière cette anagramme :

Un peso faible

F_ _ _ _ _   P_ _ _ _ _

SOLUTIONS P. 62

2003

Le champion du monde en titre, l'Australie, organise l'édition 2003 et retrouve l'Angleterre en finale pour la revanche de 1991. Mais pour la première fois – et pour l'instant la seule fois – la Coupe du Monde de Rugby est remportée par un pays de l'hémisphère nord.

DOUBLE QUIZ

Connaissez-vous bien le parcours du XV d'Angleterre en 2003 ? Répondez aux questions de quiz et reportez le chiffre associé à votre réponse dans les cases ci-dessous. Vous découvrirez le nombre de points que les Anglais ont marqué pendant cette Coupe du Monde de Rugby. À vous de jouer !

1	2	3

1 *Quels pays de la poule C, où figurait l'Angleterre, ont été éliminés avant les quarts de finale ?*

2 La Namibie, l'Argentine et la Roumanie
4 Le Japon, les Etats-Unis et Fidji
3 La Géorgie, Samoa et l'Uruguay

2 *Quelle équipe le XV de la rose a-t-il affrontée en quarts de finale ?*

9 L'Irlande
5 L'Australie
2 Le pays de Galles

3 *Lors de la demi-finale remportée 24-7 face à la France, combien Jonny Wilkinson a-t-il marqué de points ?*

7 24
0 19
4 15

DANS L'ORDRE

En classant dans l'ordre les joueurs qui ont marqué le plus de points lors de l'édition 2003, vous formerez le nombre de spectateurs présents au stade pour la finale.

2 - Frédéric Michalak
5 - Leon MacDonald
9 - Elton Flatley
8 - Jonny Wilkinson
7 - Chris Paterson

_ _ _ _ _

MOTS MÊLÉS

Retrouvez et rayez ces joueurs de la finale 2003. Les lettres restantes formeront un mot qui a marqué cette finale.

AUSTRALIE

COCKBAIN
GIFFIN
GITEAU
GREGAN
LARKHAM
PAUL
ROFF
SAILOR
SMITH
WAUGH
WEST
WHITAKER
YOUNG

ANGLETERRE

BACK
BALSHAW
CATT
COHEN
DAWSON
HILL
KAY
LEWSEY
MOODY

P	Y	S	C	O	H	E	N	R	R	T
G	D	M	A	O	L	I	N	U	E	T
I	O	I	O	I	A	N	A	G	K	A
F	O	T	A	B	L	E	G	M	A	C
F	M	H	K	P	T	O	E	A	T	W
I	L	C	T	I	A	W	R	H	I	A
N	O	E	G	I	E	U	G	K	H	H
C	D	A	W	S	O	N	L	R	W	S
K	O	N	T	S	H	G	U	A	W	L
A	R	O	F	F	E	H	I	L	L	A
Y	O	U	N	G	S	Y	K	C	A	B

Le mot de la finale :

_ _ _ _ _ _ _ _ _ _ _ _ _

SOLUTIONS P. 62

2007

L'édition 2007 se déroule en France. L'Angleterre, tenante du titre, parvient une nouvelle fois en finale après avoir battu la France en demies, mais elle s'incline face à l'Afrique du Sud.

LOGIGRILLE

Reconstituez le parcours de l'Afrique du Sud dans la poule A de l'édition 2007, en retrouvant pour chaque adversaire le score et le lieu de la rencontre.

Faites jouer votre logique et servez-vous des indices ci-dessous pour reporter vos déductions dans le tableau sous forme de croix.

La plus large victoire a eu lieu en Île-de-France et ce n'était pas contre les Tonga.

À Saint-Denis, l'Angleterre n'a marqué ni 7 ni 15 points.

Les USA, qui n'ont pas joué à Paris, ont marqué plus de points que l'Angleterre, mais moins que l'équipe qui a joué à Lens.

	64-15	59-7	36-0	30-25	SAINT-DENIS	PARIS	MONTPELLIER	LENS
SAMOA								
ANGLETERRE								
TONGA								
USA								
LENS								
MONTPELLIER								
PARIS								
SAINT-DENIS								

ANAGRAMME

Quel pilier de l'équipe de France se cache derrière cette anagramme :

Treillis de vipère

P_ _ _ _ _ _ _ V_ _ _ _ _ _ _

SOLUTIONS P. 62

DOUBLE QUIZ

Connaissez-vous le parcours du XV de France en 2007 ? Répondez aux questions du quiz et reportez la lettre associée à votre réponse dans les cases ci-dessous. Vous découvrirez le nom d'un ailier français de l'époque. Vous pouvez aussi vous aider du nom de ce joueur pour déduire les bonnes réponses au quiz… À vous de jouer !

1	2	3	4	5

1 *Pour le match d'ouverture, quelle équipe la France a-t-elle rencontrée ?*

L L'Irlande

F La Géorgie

C L'Argentine

2 *Dans son match de poules contre la Namibie, combien d'essais la France a-t-elle marqués ?*

R 5

A 8

L 13

3 *En quarts de finale, quelle équipe le XV de France a-t-il éliminé ?*

A Les Fidji

I L'Australie

E La Nouvelle-Zélande

4 *Où s'est joué ce match des quarts de finale ?*

A Stade de France

R Cardiff

O Marseille

5 *Dans la demi-finale France-Angleterre, une des deux équipes ouvre le score ?*

T La France par une pénalité de Beauxis à la 8e minute

C L'Angleterre par un essai de Lewsey à la 2e minute

L L'Angleterre par un drop de Wilkinson à la 6e minute

LES ÉDITIONS PRÉCÉDENTES

2011

En Nouvelle-Zélande, l'édition 2011 se termine sur le remake de la finale de 1987 entre la France et le pays organisateur.

DOUBLE ÉCHELLE

À l'aide des indices qui vous sont donnés, trouvez 5 noms communs de 5 lettres.

La première et la dernière colonne vous donneront les noms de deux joueurs qui ont marqué des points dans le match de poules France-Canada.

					Pour sucrer l'eau
					Organisation criminelle
					Il faut l'enfiler quand il pleut
					Il chante fort
					Il donne le caoutchouc

JOUEUR MYSTÈRE

Retrouvez pour chaque mot la lettre manquante.

Placez ensuite ces lettres dans l'échelle centrale et vous verrez apparaître le nom d'un joueur expulsé lors de la demi-finale pays de Galles-France.

_ A T T

B R _ S

_ I E N

O _ U S

B E A _

H I E _

A C _ E

L O T _

_ E R F

MOTS MÊLÉS

Retrouvez et rayez les noms des joueurs qui ont participé à la finale.

Les lettres restantes formeront le nom de l'arbitre de la finale.

FRANCE	NOUVELLE-ZÉLANDE
BARCELLA	CRUDEN
BONNAIRE	DAGG
CLERC	HORE
DUSAUTOIR	JANE
MAS	KAINO
MÉDARD	McCAW
MERMOZ	MEALAMU
NALLET	NONU
PAPÉ	READ
PARRA	WEEPU
PIERRE	
SERVAT	
YACHVILI	

M	E	A	L	A	M	U	C	E	E	A
D	U	S	A	U	T	O	I	R	R	E
N	E	D	U	R	C	R	D	R	I	R
A	Z	J	A	N	E	I	A	E	A	O
G	W	O	J	D	O	P	G	I	N	H
S	A	D	M	O	A	N	G	P	N	E
E	C	R	S	R	A	E	I	U	O	P
R	C	A	L	L	E	C	R	A	B	A
V	M	D	L	B	E	M	R	T	K	P
A	W	E	E	P	U	C	L	E	R	C
T	T	M	I	L	I	V	H	C	A	Y

Nom de l'arbitre :

_ _ _ _ _ _ _ _ _ _ _ _

ANAGRAMME

Quel arrière français, entré en finale à la place de Vincent Clerc, se cache derrière cette anagramme :

Lait Madrilène

D_ _ _ _ _ T_ _ _ _ _ _

SOLUTIONS P. 62-63

L'édition 2015 organisée en Angleterre assoit un peu plus la domination des All Blacks sur le rugby mondial qui remporte un 3e titre mondial.

2015

CARNAVAL DES JOUEURS FRANÇAIS

Retrouvez dans la grille les noms de joueurs du XV de France titulaires au début du quart de finale contre la Nouvelle-Zélande en 2015.

Les noms sont collés les uns aux autres sans avoir de lettres communes.

Les lettres peuvent être réparties sur plusieurs lignes, mais elles se suivent en se touchant par un côté.

Le premier, FOFANA, est déjà repéré dans la grille.

Trouvez les autres :

FOFANA
SPEDDING
NAKAITACI
DUMOULIN
DULIN
MICHALAK
PARRA
LE ROUX
MAESTRI
PAPÉ
BEN AROUS

			F	O	F	S			
R	A	P	M	I	A	P	E	D	D
R	A	L	H	C	N	N	G	N	I
M	A	E	A	L	A	A	D	U	M
S	E	R	K	A	S	K	L	U	O
T	B	O	U	X	U	A	I	N	P
R	E	N	A	R	O	I	E	P	A
I	D	U	L	I	N	T	A	C	I

LOGIGRILLE

Reconstituez le parcours de la Nouvelle-Zélande dans la poule C de l'édition 2015 en retrouvant pour chaque adversaire le lieu et le score de la rencontre.

Faites jouer votre logique et servez-vous des indices ci-dessous.

Transcrivez les résultats dans la grille en notant O pour une affirmation et N pour une négation. Reportez ensuite vos déductions dans le tableau pour connaître la solution.

Les spectateurs de Wembley ont assisté à la rencontre la plus serrée et ce n'était ni contre la Namibie ni contre les Tonga.

La Namibie, qui n'a pas joué à Cardiff, a marqué plus de points que les Tonga et la Géorgie, mais moins que l'Argentine.

À Newcastle, les Tonga ont encaissé plus de points que la Géorgie mais moins que la Namibie.

	58-14	47-9	43-10	26-16	WEMBLEY	NEWCASTLE	STADE OLYMPIQUE	CARDIFF
ARGENTINE								
NAMIBIE								
GÉORGIE								
TONGA								
CARDIFF								
STADE OLYMPIQUE								
NEWCASTLE								
WEMBLEY								

LE BON TOTAL

Pour chacune de ces nations, retrouvez le nombre de points marqués pendant toute la compétition.

Argentine	O	O	290
Australie	O	O	250
Afrique du Sud	O	O	241
Nouvelle-Zélande	O	O	222

SOLUTIONS P. 63

ANAGRAMME

Quel troisième ligne français, auteur d'un essai contre la Nouvelle-Zélande en quarts de finale, se cache derrière cette anagramme :

Picasso Mouillé

L_ _ _ _ P_ _ _ _ _ _ _ _

2019

L'édition de 2019 a été fortement perturbée par un typhon qui a sévi au Japon pendant la compétition. Elle couronne l'Afrique du Sud pour la 3e fois, la première nation à remporter le titre après avoir perdu un match de poule.

ANAGRAMME

Quel demi de mêlée français qui a participé à 3 matchs de la Coupe du Monde de Rugby 2019 se cache derrière cette anagramme :

Bâtis Repeints

B_______ S____

MOTS MÊLÉS

Retrouvez tous ces joueurs qui ont participé au quart de finale pays de Galles-France.

Les lettres restantes formeront le nom du stade où s'est déroulée la rencontre.

PAYS DE GALLES

BALL
BEARD
CARRÉ
DEE
JONES
LEWIS
MORIARTY
NAVIDI
NORTH
OWENS
WAINWRIGHT
WATKIN
WILLIAMS

FRANCE

CHAT
FICKOU
HUGET
LE ROUX
LOPEZ
PICAMOLES
SERIN
SLIMANI

I	D	I	V	A	N	I	K	T	A	W
I	S	S	M	A	I	L	L	I	W	A
N	E	O	I	T	H	T	R	O	N	I
A	L	E	R	R	A	C	A	B	L	N
M	O	T	J	O	N	E	S	E	E	W
I	M	T	A	S	B	I	S	A	R	R
L	A	G	E	H	L	Z	N	R	O	I
S	C	R	E	G	C	E	E	D	U	G
F	I	C	K	O	U	Y	W	P	X	H
N	P	L	L	A	B	H	O	I	O	T
E	Y	T	R	A	I	R	O	M	S	L

Nom du stade où s'est déroulée la rencontre :

____ ___ ___

MEILLEURS MARQUEURS

En classant dans l'ordre les joueurs qui ont marqué le plus de points lors de l'édition 2019, vous formerez le nom du joueur sud-africain qui a marqué le deuxième essai de la finale.

B - Yu Tamura
E - Dan Biggar
L - Richie Mo'unga
O - Owen Farrell
K - Handré Pollard

_____

ANAGRAMME

Quel demi de mêlée sud-africain, auteur du triplé le plus rapide de l'histoire de la compétition face au Canada (18 minutes), se cache derrière cette anagramme :

Choc Urbanisé

C____ R______

SOLUTIONS P. 63

FAUTE ET SIFFLET

L'arbitre ne laisse passer aucune faute et canalise les joueurs !

Complétez la grille avec des sifflets.

Les chiffres qui se trouvent au-dessus des colonnes et devant les lignes indiquent le nombre de sifflets à placer pour compléter la grille sachant que :

- Il y a autant de sifflets que de fautes.
- Toute case contenant un sifflet est toujours accolée, par ses côtés, à 1 case contenant une faute.
- 2 cases contenant un sifflet ne se touchent jamais ni par les angles ni par les côtés.

Pour vous aider :
commencez par les plus petits chiffres.

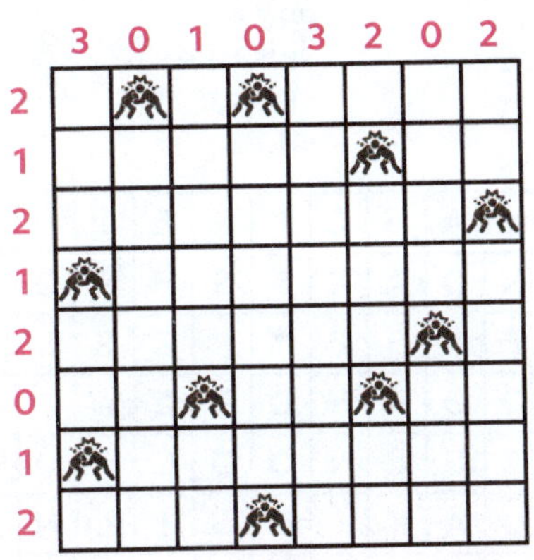

SOLUTIONS P. 63

LA VALEUR DU MOT

Quelle est la valeur du mot « HAKA » sachant que chaque lettre a une seule valeur, et que chaque mot vaut la somme de ses lettres ?

ÉPIS = 14 _

KÉPIS = 15 _

ÉPAIS = 21 _

PÉCHAIS = 35 _

ÉPIÇAS = 27 _

HAKA = _

SUDOLETTRES

Remplissez la grille de manière que chaque ligne, chaque colonne et chaque zone de 3x3 contienne toutes les lettres d'ALTRUISME.

	U					S	L	
				E				I
					R	A	T	
E								
			T	L		E	I	M
I				M	U	L		
						T		
	S			A		I		
R					L		S	

LE SAVIEZ-VOUS ?

Les valeurs défendues au rugby sont celles de l'altruisme, du courage, de la solidarité, de la tolérance et du respect. Des notions qui peuvent être résumées par une seule et même ligne de conduite : l'esprit d'équipe.

LES ACTIONS LÉGENDAIRES

Joueurs capables d'exploits incroyables, actions collectives remarquables et scénarios improbables dans des matchs à suspense : les moments de légende sont nombreux en Coupe du Monde de Rugby !

ANAGRAMME

Quel demi de mêlée sud-africain, considéré comme le meilleur demi des années 1930, devenu ensuite un membre influent du World Rugby, se cache derrière cette anagramme :*

Viande Rance

D_ _ _ _ C_ _ _ _ _

QUIZ

Le quart de finale de l'édition 1991 reste dans l'histoire de la Coupe du Monde de Rugby pour son scénario incroyable.

Menés après un essai encaissé à 8 minutes de la fin, on pense les Australiens éliminés.

À deux minutes de la fin du match, ils obtiennent pourtant une pénalité qui pourrait leur permettre d'arracher la prolongation.

Mais pleins d'audace, les Australiens décident de jouer la mêlée et marquent un essai sur le gong, au terme d'une action complètement folle entre Campese et Lynagh, qui leur donna la victoire d'un petit point !

Qui était leur adversaire ?

_ _ _ _ _ _ _

SOLUTIONS P. 63

MOTS MÊLÉS

Le quart de finale 1991 entre la France et l'Angleterre au Parc des Princes reste dans l'histoire du rugby. Au terme d'un match très disputé, les Anglais donnent une leçon de réalisme au XV de France.

Retrouvez et rayez les noms de ces joueurs qui ont participé au match.
Ils peuvent être écrits horizontalement, verticalement ou en diagonale, aussi bien à l'endroit qu'à l'envers.

Les lettres restantes formeront une formule utilisée par les Anglais à l'issue du match et qui est restée au travers de la gorge des Français.

FRANCE	ANGLETERRE
BLANCO	ACKFORD
CADIEU	ANDREW
CÉCILLON	CARLING
CHAMP	DOOLEY
GALTHIÉ	HESLOP
MESNEL	LEONARD
ONDARTS	MOORE
ROUMAT	PROBYN
SELLA	SKINNER
	TEAGUE
	WEBB

P	M	A	H	C	A	R	L	I	N	G
O	N	D	A	R	T	S	B	S	O	R
L	E	N	S	E	M	R	C	B	L	Y
G	O	O	A	N	D	R	E	W	E	D
G	A	G	C	N	O	O	C	A	O	W
H	U	A	K	I	O	U	I	L	N	P
E	E	L	F	K	L	M	L	L	A	R
S	R	T	O	S	E	A	L	E	R	O
L	O	H	R	M	Y	T	O	S	D	B
O	O	I	D	B	L	A	N	C	O	Y
P	M	E	C	A	D	I	E	U	E	N

Expression entrée dans la légende du rugby à XV en France :

_ _ _ _ _ _ _ _ _ _ _ _ _

*Anciennement International Rugby Board, le World Rugby est l'organisme international qui gère le rugby à XV et le rugby à sept.

ANAGRAMME

Quel troisième ligne sud-africain des années 1970, considéré comme l'un des tout meilleurs Boks de l'histoire se cache derrière cette anagramme :

Nurses Diplômés

M_ _ _ _ _ _ P_ _ _ _ _ _

DÉCRYPTEZ LE JOUEUR DE LÉGENDE

Vous allez pouvoir décrypter tous les chiffres qui caractérisent Keith Wood, un des joueurs irlandais les plus célèbres de tous les temps.
Aidez-vous de ce tableau de correspondances pour noter vos déductions :

Né en , Keith Wood intègre l'équipe nationale en  à  ans. Il a joué son dernier match international contre la France lors de la Coupe du Monde de Rugby . Ancien talonneur, il s'est particulièrement illustré lors de la Coupe du Monde de Rugby , à domicile, lors de la re rencontre opposant l'Irlande aux États-Unis, lorsqu'il marque  essais en l'espace de  minutes ! En 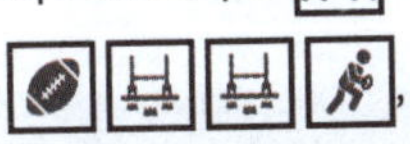, il a été élu meilleur joueur du monde lors de la création de cette récompense.

QUIZ

Le match Australie-Namibie de 2003 est entré dans l'histoire de la Coupe du Monde de Rugby car plusieurs records y ont été battus.

Où ce match a-t-il eu lieu ?

- O En Angleterre
- O En Afrique du Sud
- O En Australie

Combien l'Australie a-t-elle marqué de points dans ce match ?

- O 137
- O 142
- O 167

Combien de points la Namibie a-t-elle marqués ?

- O 0
- O 3
- O 9

Dans ce match, le record du nombre d'essais a été établi. Combien y en a-t-il eu ?

- O 18
- O 20
- O 22

MOTS MÊLÉS

Retrouvez ces acteurs de la demi-finale 1999 mythique entre la France et la Nouvelle-Zélande. Les lettres restantes formeront le nom du joueur français qui a réussi l'exploit de marquer un full-house dans ce match.

FRANCE

BENAZZI
COSTES
GARBAJOSA
GLAS
LIÈVREMONT
MOLA
PELOUS
TOURNAIRE
THORNE

NOUVELLE-ZÉLANDE

BROOKE
CULLEN
HOEFT
KRONFELD
LOMU
MARSHALL
MAXWELL
MEHRTENS
UMAGA

T	E	R	I	A	N	R	U	O	T	T
N	L	C	G	L	T	B	M	L	A	H
O	L	O	L	O	F	R	A	M	A	O
M	E	S	A	M	E	O	G	M	S	R
E	W	T	S	U	O	O	A	O	O	N
R	X	E	A	I	H	K	S	L	J	E
V	A	S	U	O	L	E	P	A	A	L
E	M	B	E	N	A	Z	Z	I	B	L
I	K	R	O	N	F	E	L	D	R	U
L	M	A	R	S	H	A	L	L	A	C
S	N	E	T	R	H	E	M	O	G	N

Nom du joueur tenant du full-house :

_ _ _ _ _ _ _ _

SOLUTIONS P. 63

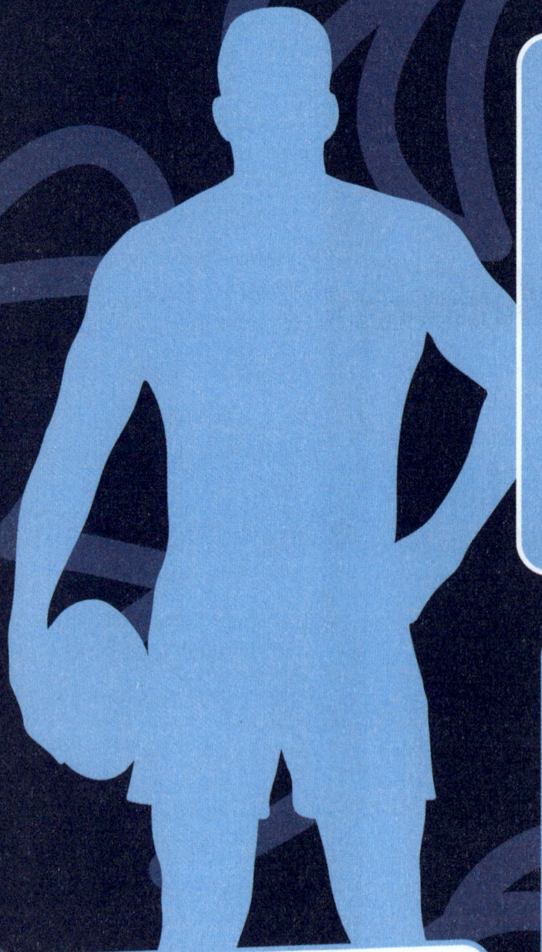

LE SAVIEZ-VOUS ?

16 novembre 1905, la Nouvelle-Zélande affronte le pays de Galles. Les All Blacks terminent leur première tournée européenne à Cardiff après avoir émerveillés tout le continent au cours des 27 matchs disputés pour autant de victoires.

Cette rencontre reste dans les annales du rugby pour la courte victoire galloise (3-0) après que l'arbitre a refusé un essai aux visiteurs. Mais elle est aussi entrée dans la grande histoire du sport quand les supporters gallois ont décidé de chanter leur hymne national pour répondre au haka des All Blacks avant la rencontre. Une première qui va devenir une tradition incontournable au début des matchs internationaux dans de nombreux sports.

NOMS MÉLANGÉS

Quatre joueurs de l'équipe d'Australie seulement ont participé aux deux finales historiques de la Coupe du Monde de Rugby que ce pays a remportées en 1991 et en 1999.

Leurs noms se sont mélangés 2 à 2.

À chaque pas, vous avez le choix entre deux lettres. À vous de bien les relier pour former à chaque fois les deux noms.

→

E	A	R	E	N
H	O	L	A	S

_ _ _ _ _   _ _ _ _ _

→

L	E	T	R	L	E
K	I	A	T	N	S

_ _ _ _ _ _   _ _ _ _ _ _

ANAGRAMME

Quel demi-d'ouverture néo-zélandais, désigné meilleur joueur du monde en 2016 et 2017, se cache derrière cette anagramme :

Dureté Barbante

B_ _ _ _ _ _   B_ _ _ _ _ _

QUI L'A SOULEVÉ ?

Reliez chaque édition au capitaine qui a eu l'honneur de soulever le trophée. L'un d'entre eux l'a soulevé deux fois !

Coupe du Monde de Rugby 1987 ○	○ John Smit
Coupe du Monde de Rugby 1991 ○	○ Siya Kolisi
Coupe du Monde de Rugby 1995 ○	○ John Eales
Coupe du Monde de Rugby 1999 ○	○ David Kirk
Coupe du Monde de Rugby 2003 ○	○ François Pienaar
Coupe du Monde de Rugby 2007 ○	○ Nick Farr-Jones
Coupe du Monde de Rugby 2011 ○	○ Martin Johnson
Coupe du Monde de Rugby 2015 ○	○ Richie McCaw
Coupe du Monde de Rugby 2019 ○	

ANAGRAMME

Quel troisième ligne aile irlandais, désigné meilleur joueur du monde en 2022, se cache derrière cette anagramme :

Fjord Hivernales

J_ _ _   V_ _   _ _ _   F_ _ _ _

SOLUTIONS P. 64

DÉCRYPTEZ LE JOUEUR DE LÉGENDE

Vous allez pouvoir décrypter tous les chiffres qui caractérisent Ieuan Evans, un des joueurs gallois les plus célèbres de tous les temps.

Aidez-vous de ce tableau de correspondances pour noter vos déductions :

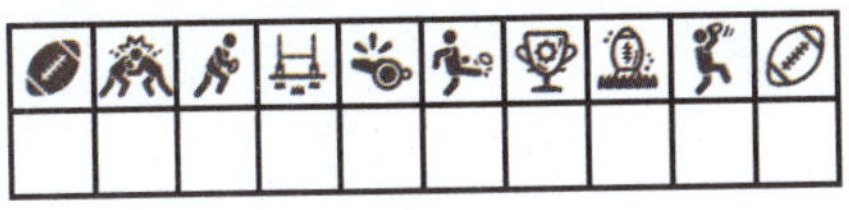

Ieuan Evans a tout récemment été élu président de la Fédération galloise en novembre , à moins d' an de la Coupe du Monde de Rugby. Mais c'est avant tout un joueur de légende : cet ancien  - quarts aile, arrivé e avec son équipe lors de la première Coupe du Monde de Rugby en  a participé à  éditions de cette compétition. Il a été sélectionné  fois en équipe nationale, dont  fois comme capitaine. Il a mis fin à sa carrière de joueur en  après avoir remporté la Coupe d'Europe.

ANAGRAMME

Quel grand joueur italien, capitaine de la sélection pendant les Coupes du monde 2003, 2007, 2011, 2015 et 2019, se cache derrière cette anagramme :

Espoirs Aigres

S_ _ _ _ _ P_ _ _ _ _ _

SOLUTIONS P. 64

ANAGRAMME

Quel troisième ligne néo-zélandais, désigné meilleur joueur du monde en 2013, se cache derrière cette anagramme :

Dernier Aka

K_ _ _ _ _ R_ _ _

LES RECORDS INDIVIDUELS DE LA COUPE DU MONDE DE RUGBY

L'Anglais Jason Leonard et le Néo-Zélandais Richie McCaw détiennent le record du nombre de matchs disputés. Combien de fois sont-ils apparus en Coupe du Monde de Rugby ?

- O 15
- O 19
- O 22

Quel joueur détient le record de points marqués ?

- O Jonny Wilkinson
- O Dan Carter
- O Philippe Saint-André

Parmi ces trois joueurs, lequel n'est pas recordman du plus grand nombre d'essais marqués ?

- O Jonah Lomu
- O David Campese
- O Bryan Habana

En 1995, le All Black Marc Ellis a marqué 6 essais dans le même match. Contre quel adversaire ?

- O Le Canada
- O Le Japon
- O Le Portugal

Au cours du même match, son coéquipier Simon Culhane a battu un autre record qui tient toujours aujourd'hui, celui du nombre de points marqués dans un seul match. Combien en a-t-il marqué ?

- O 35
- O 40
- O 45

Connaissez-vous les prestigieux ambassadeurs de la Coupe du Monde de Rugby 2023 ? Avez-vous suivi les rouages des qualifications et du tournoi de repêchage ? Faites vos jeux, c'est parti !

DANS L'ORDRE

En replaçant ces rencontres de l'édition 2023 qui se dérouleront à Lille, vous reconstituerez la capacité maximale du stade Pierre Mauroy.

8 - Angleterre-Samoa
0 - Angleterre-Chili
5 - France-Uruguay
7 - Tonga-Roumanie
1 - Écosse-Roumanie

_ _ _ _ _

DANS L'ORDRE

Classez ces stades dans l'ordre croissant de leur capacité. Vous formerez le nom d'un des six « ambassadeurs » français choisis par World Rugby pour effectuer le tirage au sort des poules le 14 décembre 2020.

B - Saint-Étienne
O - Bordeaux
U - Nice
L - Toulouse
O - Nantes
T - Lyon
U - Lille
N - Saint-Denis
I - Marseille

_ _ _ _ _ _ _ _ _

SOLUTIONS P. 63

QUIZ

Qualifications Zone Europe

Sur les 9 équipes européennes qui participent à la Coupe du Monde de Rugby 2023, combien étaient qualifiées directement ?

- O 5
- O 6
- O 7

Dans quel tournoi ces équipes se sont-elles affrontées ?

Combien d'équipes participaient à ce tournoi ?

- O 6
- O 8
- O 12

Combien se sont qualifiées directement ?

- O 1
- O 2
- O 3

Combien de barragistes ?

- O 1
- O 2
- O 3

Quel pays, en position de se qualifier directement, a finalement été pénalisé pour avoir aligné un joueur non éligible ?

- O L'Espagne
- O La Russie
- O Les Pays-Bas

FAITES VOS JEUX !

Il est toujours amusant de faire des pronostics et de les comparer aux résultats au fur et à mesure de la compétition. Voilà les 4 poules et un tableau final. Amusez-vous à le remplir avant que ne commencent les premiers matchs et vérifiez ensuite si vous avez eu de bonnes intuitions ! Et pour la solution de ce jeu des pronostics ? Rendez-vous le jour de la finale !

GROUPE A	GROUPE B	GROUPE C	GROUPE D
NOUVELLE-ZÉLANDE	AFRIQUE DU SUD	PAYS DE GALLES	ANGLETERRE
FRANCE	IRLANDE	AUSTRALIE	JAPON
ITALIE	ÉCOSSE	FIDJI	ARGENTINE
URUGUAY	TONGA	GÉORGIE	SAMOA
NAMIBIE	ROUMANIE	PORTUGAL	CHILI

QUARTS DE FINALE	DEMI-FINALES	FINALE
LE 14 OCTOBRE 2023 AU STADE VÉLODROME 1er du Groupe C ____________ | ___ 2e du Groupe D ____________ | ___	LE 20 OCTOBRE 2023 AU STADE DE FRANCE ____________ | ___ ____________ | ___	LE 28 OCTOBRE 2023 AU STADE DE FRANCE ____________ | ___ ____________ | ___
LE 14 OCTOBRE 2023 AU STADE DE FRANCE 1er du Groupe B ____________ | ___ 2e du Groupe A ____________ | ___		
LE 15 OCTOBRE 2023 AU STADE VÉLODROME 1er du Groupe D ____________ | ___ 2e du Groupe C ____________ | ___	LE 21 OCTOBRE 2023 AU STADE DE FRANCE ____________ | ___ ____________ | ___	**MATCH POUR LA 3E PLACE** LE 27 OCTOBRE 2023 AU STADE DE FRANCE ____________ | ___ ____________ | ___
LE 15 OCTOBRE 2023 AU STADE DE FRANCE 1er du Groupe A ____________ | ___ 2e du Groupe B ____________ | ___		

QUIZ

La France a été élue le 15 novembre 2017 par World Rugby pour organiser la Coupe du Monde de Rugby 2023.

Quelles étaient les deux autres candidatures soumises au vote ?

- O L'Afrique du Sud
- O L'Irlande
- O Les États-Unis
- O La Russie

Quel autre pays avait pensé se présenter avant de retirer sa candidature ?

- O Le Canada
- O L'Italie
- O La Namibie
- O L'Écosse

Qui était ambassadeur de la candidature française aux côtés de Sébastien Chabal ?

- O Marion Cotillard
- O Frédéric Michalak
- O Thomas Pesquet
- O Raphaël Ibañez

QUIZ

Le Trophée Webb Ellis, une coupe de champions.

Combien mesure le trophée ?

- O 17 cm
- O 38 cm
- O 57 cm
- O 86 cm

De quelle matière est-il fait ?

- O Bronze
- O Or
- O Argent plaqué or
- O Cuivre

La coupe est la reproduction d'un trophée dessiné en 1906 et sort des ateliers du bijoutier londonien Garrard. Quel autre trophée célèbre cet atelier a-t-il créé ?

- O La coupe de l'America
- O Le coupe de Wimbledon

Lequel de ces mots n'est pas gravé sur la coupe ?

- O Football
- O Champion
- O International
- O Board

Les noms des vainqueurs sont-ils gravés sur la coupe ou sur son socle ?

- O Sur la coupe
- O Sur le socle

Quel est le surnom donné par les Australiens à la coupe depuis 1991 ?

- O «Jack»
- O «Bill»
- O «Joe»

LE SAVIEZ-VOUS ?

On utilise le même sifflet pour tous les matchs d'ouverture des Coupe du Monde de Rugby depuis sa création.

Il s'agit d'un sifflet historique puisqu'il a servi pour le tout premier test-match entre la Nouvelle-Zélande et l'Angleterre en 1905. Il a également été utilisé lors de la finale du dernier tournoi olympique entre les États-Unis et la France en 1924. Entre deux Coupes du Monde de Rugby, le sifflet est exposé au musée du Rugby de Palmerston North en Nouvelle-Zélande.

SOLUTIONS P. 64

DANS L'ORDRE

Classez ces pays dans l'ordre décroissant du nombre de licenciés. Vous formerez le nom de la ville où est enterré William Webb Ellis, l'inventeur du rugby.

E - France
O - Pays de Galles
N - Japon
M - Angleterre
N - Géorgie
T - Australie

_ _ _ _ _ _

QUIZ

Tournoi de repêchage. Pour attribuer la dernière place disponible à la Coupe du Monde de Rugby, un tournoi de repêchage a eu lieu en novembre 2022.

Combien d'équipes participaient à ce tournoi ?

- O 3
- O 4
- O 5

Où ce tournoi a-t-il eu lieu ?

- O Aux Émirats arabes unis
- O Au Brésil
- O Au Japon

Quel pays a remporté ce tournoi ?

- O Les Samoa
- O Le Chili
- O Le Portugal

La première place du tournoi s'est jouée au goal average. Quel était le second malheureux ?

- O Hong Kong
- O Les États-Unis
- O Le Kenya

SOLUTIONS P. 64

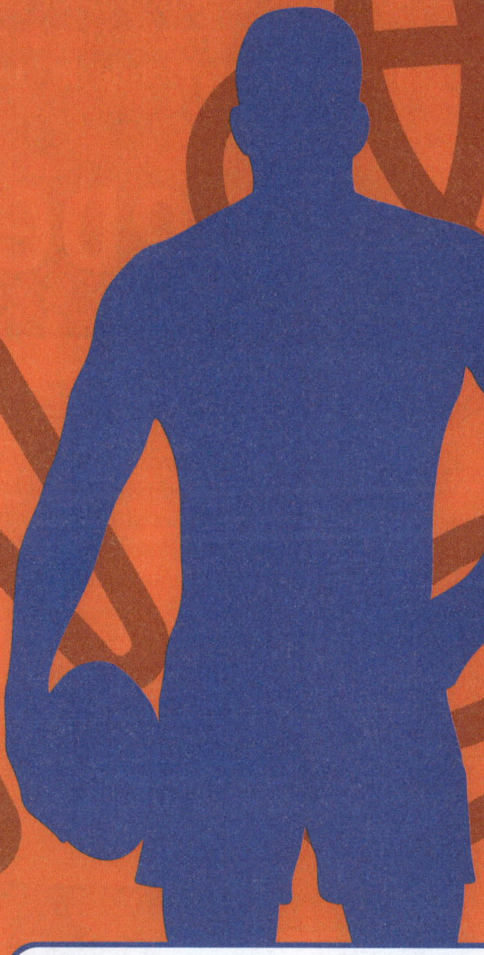

QUIZ

La plus forte affluence pour un match de Coupe du Monde de Rugby (89 267 spectateurs) date de l'édition 2015. Dans quel stade s'est déroulée la rencontre ?

- O Twickenham
- O Wembley

Quel était le match ?

- O Un match de poule entre l'Irlande et la Roumanie
- O Un match de poule entre l'Angleterre et le pays de Galles

Quelle finale s'est jouée devant le plus de spectateurs (82 957) ?

- O Australie-Angleterre à Sydney en 2003
- O Angleterre-Afrique du Sud à Saint-Denis en 2007

Quelle finale s'est jouée devant le moins de spectateurs (48 035) ?

- O Nouvelle-Zélande-France à Auckland en 1987
- O Angleterre-Afrique du Sud à Yokohama en 2019

Quelle édition a connu le plus fort taux de remplissage des stades à près de 92 % ?

- O L'édition 2007 en France
- O L'édition 2015 en Angleterre

Pour une Coupe du Monde de Rugby réussie, il faut de beaux écrins pour mettre en valeur les exploits sportifs : découvrez les 9 stades de la Coupe du Monde de Rugby 2023 !

BORDEAUX

DANS L'ORDRE

En replaçant dans l'ordre chronologique ces rencontres de l'édition 2023 qui se dérouleront à Bordeaux, vous reconstituerez l'affluence du match inaugural des Bleus au Stade de Bordeaux face à la Géorgie en novembre 2021.

7 - Afrique du Sud-Roumanie
9 - Pays de Galles-Fidji
3 - Irlande-Roumanie
8 - Samoa-Chili
6 - Fidji-Géorgie

_ _ _ _ _

SOLUTIONS P. 64

QUIZ

Quel nom le stade de Bordeaux porte-t-il ?

- O Le Stadium
- O Le Nouveau Stade de Bordeaux
- O Le Grand Atlantique

En quelle année a-t-il été inauguré ?

- O 2001
- O 2008
- O 2015

Quelle a été la plus grosse affluence enregistrée ?

- O Belgique-Irlande (Euro 2016 de football)
- O Stade toulousain-Stade rochelais (demi-finale du Top 14 2019)
- O Concert d'Indochine (2022)

LILLE

CROISONS-LES

Retrouvez toutes les équipes qui joueront à Lille. Nous avons déjà placé tous les A pour vous aider.

HORIZONTALEMENT

3 - Jouera le 23 septembre dans la poule D
4 - Jouera le 7 octobre dans la poule D
5 - Adversaire du 3 et du 4 dans la poule D
7 - Adversaire du 1 dans la poule A
8 - Adversaire du 2 et du 6 dans la poule B

VERTICALEMENT

1 - Jouera le 14 septembre dans la poule A
2 - Jouera le 30 septembre dans la poule B
6 - Jouera le 8 octobre dans la poule B

LYON

DANS L'ORDRE

En replaçant dans l'ordre chronologique ces rencontres de l'édition 2023 qui se dérouleront à Lyon, vous reconstituerez l'affluence record du premier match des Bleus dans ce stade contre les All Blacks en 2017.

1 - Nouvelle-Zélande-Italie
9 - Uruguay-Namibie
6 - France-Italie
8 - Nouvelle-Zélande-Uruguay
5 - Pays de Galles-Australie

_ _ _ _ _

L'UN OU L'AUTRE

Pour chacun de ces événements, dites s'ils ont eu lieu au nouveau (OL Stadium) ou à l'ancien stade de Gerland.

France-Nouvelle-Zélande en test-match.	NOUVEAU STADE	ANCIEN STADE
Nouvelle-Zélande-Portugal en Coupe du Monde de Rugby.	NOUVEAU STADE	ANCIEN STADE
Concert de Michael Jackson.	NOUVEAU STADE	ANCIEN STADE
Clermont-Leinster en demi-finale de Champions Cup.	NOUVEAU STADE	ANCIEN STADE
Saracens-Racing 92 en finale de Champions Cup.	NOUVEAU STADE	ANCIEN STADE

SOLUTIONS P. 64/65

MARSEILLE

CROISONS-LES

Replacez dans la grille des mots en rapport avec la ville de Marseille, son stade et le sport dans cette ville. Nous avons déjà placé tous les H et les I pour vous aider.

HORIZONTALEMENT
6 - Synonyme de Marseillais
7 - Quartier du stade Vélodrome
9 - Auteur du deuxième essai français face aux Boks en 2022
10 - Arrondissement du Vélodrome

VERTICALEMENT
1 - Français expulsé lors du France-Afrique du Sud 2022
2 - Finaliste du Challenge européen 2022
3 - Nombre de points marqués par la France face à l'Afrique du Sud en 2022
4 - Finaliste irlandais malheureux de la Champions Cup 2022
5 - Club gallois vainqueur du Challenge européen 2010
8 - Premier adversaire des Bleus du Tournoi des Six Nations 2023

LE CASTING DES STADES

NANTES

DANS L'ORDRE

En replaçant dans l'ordre chronologique ces rencontres de l'édition 2023 qui se dérouleront à Nantes, vous reconstituerez le score de la victoire historique de la France sur les All Blacks en test-match en 1986.

0 - Pays de Galles-Géorgie
3 - Japon-Argentine
6 - Argentine-Chili
1 - Irlande-Tonga

_ _ - _ _

QUIZ

Comment s'appelle le stade de Nantes ?

- O La Beaujoire
- O Gerland
- O LAbbé-Deschamps

Quelle nation le XV de France a-t-il affrontée le plus souvent à Nantes ?

- O L'Irlande
- O L'Argentine
- O L'Italie

Quel était le dernier adversaire des Bleus à Nantes ?

- O L'Angleterre
- O Les Fidji
- O Le pays de Galles

SOLUTIONS P. 65

NICE

DANS L'ORDRE

En replaçant dans l'ordre chronologique les matchs de la Coupe du Monde de Rugby 2023 qui auront lieu à Nice, vous pourrez reconstituer le sigle du club résident du Stade de Nice :

G - Angleterre-Japon
N - Écosse-Tonga
O - Pays de Galles-Portugal
C - Italie-Uruguay

_ _ _ _

CROISONS-LES

Replacez dans la grille des mots en rapport avec la ville de Nice, son stade et le sport dans cette ville. Nous avons déjà placé tous les A pour vous aider.

HORIZONTALEMENT

4 - Dans ce stade, elle est naturelle
5 - Ancien stade de Nice
6 - Ballon ovale
7 - Chanteuse canadienne qui s'y est produite en 2017
8 - Propriétaire du stade
9 - Maire de Nice qui a lancé le projet

VERTICALEMENT

1 - Ballon rond
2 - Adresse : Boulevard des...
3 - Chanteuse américaine qui y a chanté en 2018
10 - Un des noms du stade

SAINT-DENIS

LOGIGRILLE

À l'aide des indices ci-dessous, reconstituez une partie du programme de la Coupe du Monde de Rugby 2023 à Saint-Denis, en retrouvant pour chaque match la poule et la date de la rencontre.

C'est la France qui jouera le premier match de compétition et cela ne sera pas pour la poule C.

L'Australie jouera avant la poule B mais après la poule A.

	23 SEPTEMBRE	9 SEPTEMBRE	8 SEPTEMBRE	POULE C	POULE B	POULE A
AFRIQUE DU SUD-IRLANDE						
AUSTRALIE-GÉORGIE						
FRANCE-NOUVELLE-ZÉLANDE						
POULE A						
POULE B						
POULE C						

LES BLEUS AU STADE DE FRANCE

Au 1er janvier 2023, combien de fois le XV de France a-t-il joué au Stade de France ?

- O 42 fois
- O 75 fois
- O 98 fois

Quel est le pourcentage de victoires ?

- O 55 %
- O 65 %
- O 75 %

Avec la Nouvelle-Zélande, quelle équipe y a battu les Bleus à 6 reprises ?

- O L'Angleterre
- O Le pays de Galles
- O L'Australie

Le XV de France y a joué 3 rencontres lors de la Coupe du Monde de Rugby 2007. Pour chacun des adversaires, notez s'il s'agissait d'une victoire ou d'une défaite ?

- O Argentine
- O Irlande
- O Angleterre

SOLUTIONS P. 65

SAINT-ÉTIENNE

DANS L'ORDRE

En replaçant dans l'ordre chronologique les matchs de la Coupe du Monde de Rugby 2023 qui auront lieu à Saint-Étienne, vous pourrez reconstituer le score de l'unique match du XV de France dans ce stade.

0 - Australie-Portugal
7 - Italie-Namibie
1 - Argentine-Samoa
7 - Australie-Fidji

_ _ - _ _

QUIZ

Quel est le surnom du stade Geoffroy-Guichard ?

- O « Le Chaudron »
- O « L'Enfer vert »

Lors de son inauguration en 1931, on y organisa un match de rugby. À quelle équipe celle de Saint-Étienne était-elle opposée ?

- O AS Montferrand (ASM Clermont Auvergne)
- O LOU Rugby (Lyon)
- O Barbarian Rugby Club (pays de Galles)

TOULOUSE

CROISONS-LES

Replacez dans la grille des mots en rapport avec le Stadium de Toulouse. Nous avons déjà placé tous les R pour vous aider.

HORIZONTALEMENT

3 - A joué 2 fois à Toulouse en 2007
6 - Adversaire de la France en 2007
7 - Nom du virage ouest en hommage à un gardien du TFC décédé en 2001
10 - Enceinte qui accueille les matchs du Stade toulousain
11 - Stade qui a servi de modèle au Stadium

VERTICALEMENT

1 - Le public toulousain a pu les voir face à la France en 1999
2 - Île où se situe le Stadium
4 - Nom de la tribune nord en hommage à un grand footballeur qui a entraîné Toulouse pendant la saison 1978-1979
5 - Surnom de l'équipe de football qui joue au Stadium
6 - Éliminé par Toulouse en Coupe UEFA en 1986
8 - Nombre de matchs joués à Toulouse en 2007
9 - Nombre de matchs joués à Toulouse en 2023

QUIZ

En quelle année le Stade toulousain a-t-il été créé ?

- O 1907
- O 1927
- O 1947

L'année suivant sa création, le Stade toulousain parraine un club qui adoptera les mêmes couleurs et deviendra un club majeur du championnat. Lequel ?

- O Le RC Toulon
- O AS Montferrand
- O Castres olympique

Quelles sont ces couleurs ?

- O Bleu et jaune
- O Rouge et noir
- O Rouge et jaune

En quelle année Toulouse a-t-il remporté son premier championnat de France ?

- O 1912
- O 1932
- O 1952

Ils ont remporté la première édition de la Coupe d'Europe en 1996 à Cardiff. Face à quelle équipe ?

- O Biarritz olympique
- O Cardiff RFC
- O Munster

Toulouse a joué la dernière finale du championnat de France disputée au Parc des Princes.

- O Vrai
- O Faux

Toulouse a joué la première finale du championnat de France disputée au Stade de France en 1998.

- O Vrai
- O Faux

SOLUTIONS P. 65

3E MI-TEMPS

SUDOLETTRES

Remplissez la grille de manière que chaque ligne, chaque colonne et chaque zone de 3x3 contienne toutes les lettres de SPRINGBOK.

K								B
						G		
G		I		O				R
		B				R		I
	K	O		G				
I				S		P		
		R		K		N	S	
			O					G
B	I		N					

NOMS MÉLANGÉS

Deux commentateurs de légende se sont succédé à la télévision française.

Leurs noms se sont mélangés 2 à 2.

À chaque pas, vous avez le choix entre deux lettres. À vous de bien les relier pour former à chaque fois les deux noms.

→	C	O	L	D	I	A	C
	S	A	U	V	E	R	C

_ _ _ _ _ _ _ et _ _ _ _ _ _ _

MOT MYSTÈRE

Retrouvez pour chaque mot la lettre qui manque. Placez ensuite ces lettres dans l'échelle centrale et vous verrez apparaître un mot qui caractérise un plaquage appuyé.

	O	U	S
	A	I	N
K	I	L	

F	L		N
A		T	E
L	I	O	

RENVOI AU 22

La ligne des 22 mètres au rugby renvoie à la zone de l'en-but (située derrière la ligne de but). Elle est stratégique pour effectuer un arrêt de volée (récupérer le ballon directement de volée sur un coup de pied) ou pour taper directement en touche dans le jeu courant.

Complétez la grille avec les chiffres compris entre 4 et 13 de manière que la somme de chaque ligne, chaque colonne et chaque diagonale soit égale à 22.

	-1	0	
2			
		3	
1			-2

MOTS MÊLÉS

Retrouvez et rayez les noms de ces arbitres qui ont officiés en Coupe du Monde de Rugby. Les lettres restantes vous donneront le nom de celui qui a reçu la distinction d'arbitre de l'année aux World Rugby Awards de 2022.

BERRY
COLE
DELUCA
DOYLE
DUME
HAWKE
HOWARD
JUTGE
LAWRENCE
LEASK
MCCARTNEY
OWENS
PEARCE
POITE
RAYNAL
REORDAN
ROGERS
SAITO
SKLAR
THOMAS
WATSON
WILLIAMS
YOUNG

E	L	Y	O	D	T	L	E	A	S	K
T	S	M	A	P	O	A	S	P	L	E
I	R	W	C	H	T	N	A	E	A	B
O	E	A	A	C	I	Y	M	G	W	E
P	G	K	L	T	A	A	O	T	R	R
E	O	E	W	K	S	R	H	U	E	R
A	R	N	D	A	S	O	T	J	N	Y
R	N	U	C	N	H	I	N	N	C	G
C	M	R	E	O	R	D	A	N	E	N
E	G	W	I	L	L	I	A	M	S	Y
H	O	W	A	R	D	E	L	U	C	A

Nom de l'arbitre :

_ _ _ _ _ _ _ _ _ _ _ _

SOLUTIONS P. 65

FRANCE

VRAI OU FAUX

Le XV de France a participé à toutes les Coupes du Monde de Rugby.. V ☐ F ☐

Il est qualifié d'office pour l'édition 2023........................ V ☐ F ☐

La France jouera le premier match de la Coupe du Monde de Rugby 2023 contre la Roumanie.................................. V ☐ F ☐

SUDOLETTRES

Remplissez la grille pour que chaque ligne, chaque colonne et chaque zone de 3x3 contienne toutes les lettres de PICAMOLES.

S						C	M	
C			S			L		
	L						I	P
					E			
		M			C		P	
I				L	P	E		
	C			P			A	O
			O	E	A			
					S			

CROISONS-LES

XV de France : replacez dans la grille 10 joueurs du XV de France toutes Coupes du Monde confondues. Nous avons déjà placé tous les A pour vous aider.

HORIZONTALEMENT
1 - Pilier
4 - Pilier
6 - 2e ligne
7 - Demi de mêlée
8 - Pilier
9 - 3e ligne centre

VERTICALEMENT
2 - Arrière
3 - Talonneur
5 - Centre
7 - Ailier

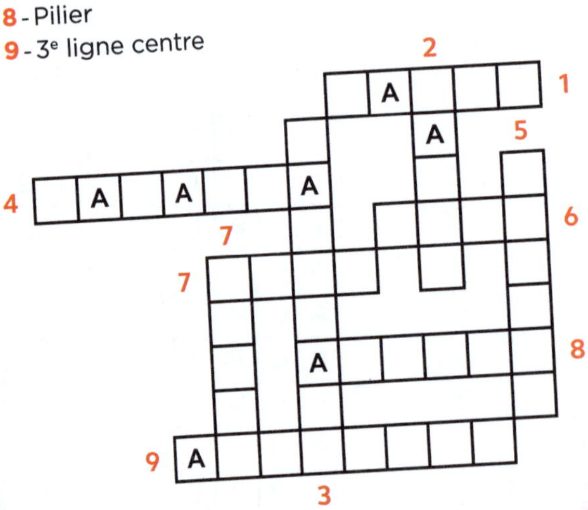

ANAGRAMME

Quel joueur du XV de France se cache derrière cette anagramme :

Piou Détonnant

A_ _ _ _ _ _   D_ _ _ _ _

SOLUTIONS P. 65/66

NOUVELLE-ZÉLANDE

ANAGRAMME

Quel demi d'ouverture des All Blacks, champion du monde en 2011, se cache derrière cette anagramme :

Recadrant

D_ _ C_ _ _ _ _

ANAGRAMME

Pour les experts, quel deuxième ligne, surnommé « Pinetree » à cause de sa carrure et considéré comme le meilleur Black du XXe siècle, se cache derrière cette anagramme :

Second Mail

C_ _ _ _ M_ _ _ _

SOLUTIONS P. 66

LES ALL BLACKS EN COUPE DU MONDE DE RUGBY

Combien de nations ont réussi à battre les All Blacks dans un match de Coupe du Monde de Rugby ?

- O 3
- O 4
- O 5

Contre qui ont-ils marqué le plus de points ?

- O Le Japon
- O L'Italie
- O Le Canada

Quelle équipe leur a marqué le plus de points ?

- O L'Angleterre
- O L'Afrique du Sud
- O La France

En 1987, pour la première édition, Grant Fox devient le premier recordman du nombre de points marqués. Son record tient toujours. Combien en a-t-il marqué ?

O 97 O 111 O 126

En 1999, quel ailier établit le record du nombre d'essais marqués sur une seule édition ?

O Jonah Lomu O Daniel Carter O John Kirwan

MOTS MÊLÉS

Retrouvez et rayez tous les noms de ces internationaux néo-zélandais de toutes les époques. Les lettres restantes vous donneront le nom de celui qui est considéré comme le tout premier All Black.

AFOA	FRANKS	LOVERIDGE	SEEAR
BORIC	HADEN	MAINS	SHAW
BUSH	HAYMAN	MAKA	SMITH
CONN	HORE	MEXTED	STEWART
DAGG	INNES	MIKA	STONE
DOWD	JANE	MOLI	TIMU
DRAKE	JORDAN	MO'UNGA	UMAGA
ELIASON	KIRK	NONU	WATTS
FEEK	LOE	PERENARA	WHITING
FOX	LOMU	REID	WULF

H	A	Y	M	A	N	S	T	E	W	A	R	T
R	E	I	D	K	J	N	N	S	A	H	R	A
A	K	K	U	F	R	A	N	K	S	A	M	E
A	O	M	E	M	J	I	A	O	E	D	O	G
D	O	F	K	E	A	M	K	E	C	E	U	D
L	W	M	A	M	F	G	S	H	E	N	N	I
S	J	O	R	D	A	N	A	A	O	L	G	R
D	S	H	D	P	E	R	E	N	A	R	A	E
E	C	T	S	H	S	U	B	U	M	S	E	V
T	I	I	T	W	U	L	F	M	O	E	D	O
X	R	M	O	A	A	L	A	I	L	N	A	L
E	O	S	N	N	W	H	I	T	I	N	G	O
M	B	F	E	L	I	A	S	O	N	I	G	E

Nom du tout premier All Black : _ _ _ _ _ _ _ _ _ _

NAMIBIE

JOUEUR MYSTÈRE

Retrouvez pour chaque mot la lettre manquante. Placez ensuite ces lettres dans l'échelle centrale et vous verrez apparaître le nom d'un célèbre joueur de Namibie.

_ E T E

P _ M A

J O U _

L O N _

A V _ U

A G I _

QUIZ

Jusqu'à l'indépendance de la Namibie en 1990, quel pays les joueurs namibiens représentaient-ils ?

- ○ Le Zimbabwe
- ○ L'Afrique du Sud
- ○ Le Kenya

En 2003, le demi d'ouverture Rudi van Vuuren a représenté son pays à la Coupe du Monde de Rugby en Australie. La même année, il a été sélectionné pour participer à d'autres championnats du monde. Dans quelle discipline ?

- ○ Le volley-ball
- ○ Le cricket
- ○ Le poker

Laquelle de ces nations la Namibie a-t-elle battue en match officiel ?

- ○ L'Irlande
- ○ La France
- ○ La Nouvelle-Zélande

SOLUTIONS P. 66

MOTS MÊLÉS

Retrouvez et rayez les noms de ces joueurs qui ont porté le maillot de la Namibie. Les lettres restantes formeront le prénom et le nom du pilier de la sélection namibienne depuis 2015 après avoir joué pour l'Afrique du Sud en équipes de jeunes.

AFRICA
BOCK
BOOYSEN
BOTHA
DU TOIT
FORBES
HORN
KATJIJEKO
KISTING
KLIM
LARSON
LOSPER
NEWMAN
RETIEF
SETHIE
THERON
TROMP
UANIVI
VAN DER MERWE
VENTER
VISSER

E	I	H	T	E	S	A	G	R	K	L
R	R	B	O	A	T	N	E	N	C	A
A	E	O	O	R	I	T	S	T	O	R
F	C	S	O	T	N	O	I	L	B	S
R	E	M	S	E	H	O	F	O	E	O
I	P	I	V	I	T	A	O	S	N	N
C	K	L	T	U	V	Y	R	P	A	O
A	T	K	D	E	S	Z	B	E	M	R
V	A	N	D	E	R	M	E	R	W	E
E	U	A	N	I	V	I	S	E	E	H
K	A	T	J	I	J	E	K	O	N	T

Le prénom et le nom du pilier de la sélection namibienne :

_ _ _ _ _ _   _ _ _ _ _ _ _

VRAI OU FAUX

	V	F
Le logo de l'équipe représente un éléphant	☐	☐
Son surnom, « Welwitschias », fait référence à une plante du désert du Namib	☐	☐
Avant cette Coupe du Monde de Rugby, la Namibie n'a jamais rencontré l'équipe de France..............	☐	☐
Son pourcentage de victoires face à l'Irlande est de 50 %	☐	☐
La Namibie a gagné plus de Coupes d'Afrique que l'Afrique du Sud	☐	☐

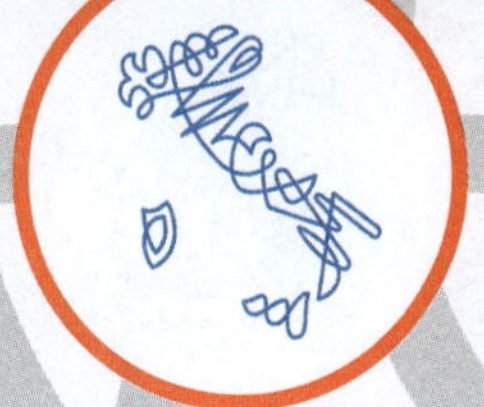

ITALIE

QUIZ

L'Italie en Coupe du Monde de Rugby

À combien de Coupes de Monde de Rugby l'Italie a-t-elle déjà participé ?

- O 8
- O 9
- O 10

Combien de fois est-elle sortie des poules ?

- O Aucune
- O 1 fois
- O 2 fois

Avant la Coupe du Monde de Rugby 2023, combien de fois l'Italie et la France ont-elles été dans la même poule ?

- O Aucune
- O 1 fois
- O 2 fois

SOLUTIONS P. 66

Pendant la Coupe du Monde de Rugby 2019, pourquoi le dernier match de poules de l'Italie contre la Nouvelle-Zélande a-t-il été annulé ?

- O À cause d'un typhon
- O À cause de tensions diplomatiques entre les deux pays
- O À cause d'un virus qui a décimé l'équipe italienne

ANAGRAMME

Quel deuxième ligne italien, titulaire de 65 sélections entre 2002 et 2011, se cache derrière cette anagramme :

Salle Antidopage

S_ _ _ _ _ _ D_ _ _ _ _ _

MOTS MÊLÉS

Retrouvez et rayez les noms de ces joueurs qui ont porté les couleurs de la sélection italienne. Les lettres restantes formeront le nom du stade romain où ils jouent leurs matchs.

ALLAN
BERNABO
BIGI
BONA
BUDD
CANALE
CRISTOFOLETTO
DEANNA
DEROSSI
FURNO
GALON
GARCIA
GEGA
GHINI
GIOVANELLI
GORI
GRESPAN
LAMARO
MASI
MINTO
MOSCARDI
NEGRI
PEENS
PEZ
PICONE
PONZI
RAINERI
RIZZO
SISI
STEYN
VENTURI
VIOLI
ZANON

G	R	E	S	P	A	N	A	L	L	A	C	S
O	T	N	I	M	I	R	E	N	I	A	R	T
A	N	N	A	E	D	D	U	B	Y	A	I	D
M	O	S	C	A	R	D	I	I	G	E	S	I
P	I	C	O	N	E	B	I	G	I	B	T	S
V	E	N	T	U	R	I	S	F	O	E	O	S
O	O	E	P	O	N	Z	I	U	V	R	F	O
L	I	I	N	I	R	V	S	R	A	N	O	R
A	M	R	H	S	P	A	I	N	N	A	L	E
N	G	G	A	L	O	N	M	O	E	B	E	D
O	P	E	L	A	N	A	C	A	L	O	T	I
B	E	N	G	A	R	C	I	A	L	I	T	C
O	Z	A	N	O	N	O	Z	Z	I	R	O	G

Nom du stade romain : _ _ _ _ _ _ _ _ _ _ _ _ _ _

URUGUAY

DOUBLE ÉCHELLE

À l'aide des indices qui vous sont donnés, trouvez 7 mots de 5 lettres.

La lettre E ont déjà été placées pour vous aider.

La première et l'avant-dernière ligne vous donneront le nom et le prénom du sélectionneur de l'Unión de Rugby del Uruguay, qui représentera le pays en Coupe de Monde de Rugby 2023.

Mousse blanchâtre formée à la surface de liquides agités ou chauffés	Glisser sur une piste	Qui n'a pas ou peu d'éclat	Observer secrètement et attentivement	Guitare à tessiture grave	Contraire de « avant »	Instrument d'osier ou de fil de fer servant à prendre du poisson
E			E			
		E				
	E		E		E	
E		E		E		E

DE L'UN À L'AUTRE

À l'aide des indices, trouvez les mots pour passer de Manuel Ardao à Manuel Diana.

A _ _ _ D	Accès
R _ _ _ I	Souvent défensif
D _ _ _ A	Estuaire
A _ _ _ N	Aéronef
O _ _ _ A	De pair avec Alpha

VRAI OU FAUX

L'emblème de l'équipe est un condor .... V ☐ F ☐

C'est sa première participation à la Coupe du Monde de Rugby .... V ☐ F ☐

Elle débutera son tournoi face à la France .... V ☐ F ☐

Au début de l'année 2023, l'Uruguay était mieux classé que les Samoa au classement World Rugby .... V ☐ F ☐

En 2011, l'Uruguay a subi sa plus large défaite en match officiel face à son voisin paraguayen .... V ☐ F ☐

SOLUTIONS P. 66

AFRIQUE DU SUD

CROISONS-LES

Replacez dans la grille 8 joueurs sud-africains. Nous avons déjà placé certaines lettres pour vous aider.

HORIZONTALEMENT
- 1 - Pilier
- 4 - 3e ligne aile
- 6 - Ailier
- 7 - Ailier
- 8 - Talonneur

VERTICALEMENT
- 2 - Centre
- 3 - 3e ligne aile
- 4 - 2e ligne
- 5 - Arrière
- 6 - Pilier

ANAGRAMME

Quel joueur sud-africain, auteur d'un essai contre l'Écosse lors de Coupe du Monde de Rugby 1999, se cache derrière cette anagramme :

Nerd Vétéran

A_ _ _ _ V_ _ _ _ _

QUIZ

Connaissez-vous bien l'aventure des Springboks en 1995 ? Répondez aux questions du quiz et reportez le chiffre associé à votre réponse dans les cases ci-dessous. Vous découvrirez le score de la finale remportée par l'Afrique du Sud dans son propre pays. À vous de jouer !

Score de la finale

A	B	-	C	D

A *Après la libération de Mandela et son accession à la présidence, l'Afrique du Sud retrouve sa place dans les compétions internationales et organise même la Coupe du Monde de Rugby de 1995. François Pienaar a œuvré à la mixité raciale de cette nouvelle équipe avec Mandela : quel rôle avait-il ?*

1 Président de la Fédération
2 Capitaine de l'équipe
3 Entraîneur de l'équipe

B *Comment s'appelle le film que Clint Eastwood a tourné pour célébrer cette épopée ?*

4 *Rainbow Nation*
5 *Invictus*
9 *Impitoyable*

C *Quel acteur joue le rôle de Mandela ?*

0 Will Smith
1 Morgan Freeman
2 Denzel Washington

D *Parmi ces pays, lequel n'a pas joué contre l'Afrique du Sud durant la phase finale en 1995 ?*

0 La France
2 L'Écosse
4 Samoa

QUIZ RECORD !

Le 11 juin 2005, l'équipe d'Afrique du Sud réalise un score record contre l'Uruguay. S'agit-il de :

- O 56 à 3 ?
- O 74 à 7 ?
- O 134 à 3 ?

SOLUTIONS P. 66

ÉCOSSE

ANAGRAMME

Cette anagramme permet de retrouver un lieu apprécié des supporters écossais :

Lady Frimeur

M_ _ _ _ _ _ _ _ _ _

VRAI OU FAUX

L'Écosse, jusqu'à maintenant, n'a joué une demi-finale en Coupe du Monde de Rugby qu'une seule fois, en 1991 .... V ☐ F ☐

Depuis la Coupe du Monde de Rugby de 2007 (comprise), elle a été éliminée en phase de poules deux fois et quart de finaliste deux fois .... V ☐ F ☐

Gavin Hastings est en tête du nombre de points marqués en Coupe du Monde de Rugby avec 227 points.................. V ☐ F ☐

MOTS MÊLÉS

Retrouvez et rayez les noms de ces joueurs qui ont porté le maillot écossais. Les lettres restantes formeront le nom de l'entraîneur principal depuis 2017.

CROSS	HORNE	PETRIE
DICKINSON	JONES	PRICE
DODS	KERR	PYRGOS
DOUGLAS	LAMONT	REID
EVANS	LESLIE	RITCHIE
FORD	MCGEECHAN	SCOTT
GRAY	MOFFAT	SOLE
HALL	MOIR	TAIT
HAMILTON	MORGAN	TOMES
HARLEY	NEL	TUKALO
HAY	NICOL	WEIR
HOGG	PARKS	WRIGHT

P	N	I	C	O	L	A	K	U	T	P	J	L
E	O	G	Y	E	E	N	A	G	R	O	M	E
T	T	L	A	D	I	C	K	I	N	S	O	N
R	L	A	R	M	H	L	C	E	K	R	S	E
I	I	M	G	E	C	E	S	R	R	O	G	N
E	M	O	O	R	T	G	A	E	G	R	S	R
T	A	N	M	A	I	P	E	R	L	A	H	O
S	H	T	F	T	R	O	Y	E	L	R	A	H
H	D	F	O	H	I	P	S	G	C	T	L	E
H	O	O	R	G	E	W	U	S	O	H	L	V
M	A	G	D	I	W	O	N	M	O	O	A	A
S	E	Y	G	R	D	I	E	R	S	R	N	N
T	A	I	T	W	D	S	C	O	T	T	C	S

Le nom de l'entraîneur principal :

_ _ _ _ _ _ _ _ _ _ _ _ _ _

QUI EST-CE ?

Horizontalement, complétez la grille en trouvant 4 mots de 5 lettres.

La première et la dernière colonne vous donneront le prénom et le nom du joueur qui détient le record du nombre de sélections en équipe d'Écosse.

	E	C	I	
	S	T	E	
	U	E	U	
	O	U	R	

SOLUTIONS P. 66/67

IRLANDE

DÉCOR LOGIQUE

Faites apparaître un emblème cher au cœur des Irlandais. Pour cela, il vous faut déchiffrer la grille.

Les chiffres vous indiquent les séquences de points à noircir (en partant de la gauche pour chaque ligne et en partant du haut pour chaque colonne). À vous de deviner par recoupements entre lignes et colonnes où ils sont situés.

Par exemple 3 1 dans une ligne signifie qu'on trouvera sur cette ligne 3 points côte à côte puis 1 point isolé en partant de la gauche.

3	1		■	■	■			■		

										7									
			3				3	5	6	2		7	6	5	3				3
			3	9	9	9	7	5	3	1	13	2	3	5	7	9	9	9	3
	3	3																	
		9																	
		9																	
		9																	
3	7	3																	
5	5	5																	
6	3	6																	
7	1	7																	
		15																	
		17																	
6	1	6																	
5	1	5																	
3	1	3																	
		1																	
		1																	

DOUBLE ÉCHELLE

À l'aide des indices qui vous sont donnés, trouvez 4 mots de 6 lettres.

La première et la dernière colonnes vous donneront le nom et le prénom d'un joueur de l'équipe d'Irlande sélectionné 124 fois en équipe nationale entre 2005 et 2019.

						Cale sèche
						Monde du rugby
						Groupes sanguins
						Lait fermenté

SOLUTIONS P. 67

L'UN, L'AUTRE OU LES DEUX

Connaissez-vous l'équipe d'Irlande ? À chaque fois deux réponses vous sont proposées. À vous de choisir la bonne.

L'équipe représente :

○ L'Irlande du Nord
○ La république d'Irlande

La tenue officielle est en vert et blanc :

○ Maillot vert-short blanc
○ Maillot blanc-short vert

En Coupe du Monde de Rugby, l'équipe a toujours atteint les quarts de finale :

○ Vrai ○ Faux

Le capitaine emblématique de l'équipe entre 2002 et 2012 (à 83 reprises) est :

○ Brian O'Driscoll
○ Garry O'Connor

ROUMANIE

VRAI OU FAUX

Le match Irlande-Roumanie en 2015 au stade de Wembley à Londres détient le record du plus grand nombre de spectateurs lors d'un match de Coupe du Monde de Rugby .... V ☐ F ☐

La Roumanie a dépassé une fois les phases de poules en Coupe du Monde de Rugby .... V ☐ F ☐

SOLUTIONS P. 67

MOTS MÊLÉS

Retrouvez et rayez tous les noms de ces internationaux roumains. Les lettres restantes vous donneront le nom de l'entraîneur principal de la Roumanie entre 2019 et 2022.

BADIU
BALAN
BARTOLI
BOBOC
GAL
GROZA
IGNAT
ILIUTA
LAMA
LUNGU
MITU
MOTOC
NEAGU
NICA
ONUTU
PETRE
PLAI
POPA
ROSU
RUPANU
SAUAN
SAVIN
SOCOL
STRATILA
SURUGIU
TINCU

A	N	D	L	M	O	T	O	C	Y	U
S	B	A	D	I	U	R	I	A	L	T
A	G	A	M	A	L	O	Z	N	O	I
U	S	I	A	L	P	O	P	A	C	M
A	I	T	B	I	R	N	T	E	O	U
N	L	G	R	G	N	U	U	R	S	C
A	I	U	U	A	S	T	S	T	A	O
L	U	G	N	R	T	U	O	E	V	B
A	T	A	I	G	U	I	R	P	I	O
B	A	E	C	O	U	S	L	N	N	B
I	G	N	A	T	R	U	P	A	N	U

Le nom de l'entraîneur :

_ _ _ _   _ _ _ _ _ _ _ _ _

UN NOM SE CACHE...

Dans cette inscription peu lisible, un mot se cache pourtant dans chaque ligne et un indice vous aide à le trouver. Les lettres peuvent être séparées, mais elles sont placées dans le bon ordre. Si vous rayez les lettres qui correspondent aux 4 mots, il vous restera une suite de 12 lettres qui forment le prénom et le nom d'un célèbre joueur roumain.

1	I	F	T	L	A	O	L	I	E
2	S	T	R	E	I	A	U	A	N
3	V	H	E	L	Y	S	A	E	L
4	E	I	U	R	C	O	U	P	E

1 - En club, il a joué une année dans ce pays, mais le reste du temps, il joue en Roumanie.

2 - Son équipe emblématique.

3 - Il a connu sa 100e sélection le 11 mars 2017, contre la Belgique, à Bruxelles au stade qu'on appelle « le Petit... ».

4 - Le 13 mars 2013, il a dépassé les 1 000 points marqués, dans un match contre le Portugal, dans le cadre du championnat d'.......

TONGA

SUDOLETTRES

Remplissez la grille de manière que chaque ligne, chaque colonne et chaque zone de 4x2 contienne toutes les lettres de VUNIPOLA, une famille qui a donné plusieurs générations d'internationaux tongiens mais aussi anglais.

	O		V				
			A		I		
U		I		N			
		N		L			
N		U					V
L	A		I				O
	U						L

L'UN OU L'AUTRE

Connaissez-vous l'équipe des Tonga ? À chaque fois deux réponses vous sont proposées. À vous de choisir la bonne.

L'équipe des Tonga est surnommée :
O « Les Aigles des Mers » O « Les Requins blancs »

À combien de Coupes du Monde de Rugby, le Tonga a-t-il déjà participé ?
O 7 O 8 O 9

Le rugby a été introduit au début du XXe siècle aux Tonga par :
O Des soldats O Des missionnaires

À la Coupe du Monde de Rugby de 2011, en phase de poules, les Tonga battent une grande équipe par 19 à 14 en créant la surprise :
O La France O L'Angleterre

DE L'UN À L'AUTRE

À l'aide des indices, trouvez les mots pour passer de Leva FIFITA à Lopeti TIMANI.

F_ _ _T Dans le cassoulet
I_ _ _I Incroyable
F_ _ _M Assemblée
I_ _ _A Île festive
T_ _ _N Faiblesse d'Achille
A_ _ _I Pilier

SOLUTIONS P. 67

AUSTRALIE

MOTS MÊLÉS

Retrouvez et rayez les noms de ces joueurs qui ont porté le maillot australien. Les lettres restantes formeront le nom d'une chanson traditionnelle, des supporters de l'équipe d'Australie depuis les années 1970.

BEALE
BURKE
CAMPESE
CANNON
COLE
COOPER
DALY
ELLA
ELSOM
FARR-JONES
FAY
FOLAU
GAVIN
GENIA
GOULD
HALL
HODGE
KEFU
KEPU
LEEDS
LITTLE
LOANE
LYONS
MOON
MUMM
O'GORMAN
PALU
PAUL
PHIPPS
ROBINSON
ROFF
SHAW
SIO
SLACK
SMITH
TUNE
TUPOU
WAUGH

O	H	W	K	P	S	M	I	T	H	A	L	R
I	O	S	T	C	H	E	N	A	O	L	Z	E
S	D	G	E	A	A	I	K	E	F	U	T	P
K	G	L	E	N	W	L	P	A	L	U	U	O
I	E	L	U	N	O	N	S	P	N	G	P	O
M	L	P	C	O	I	J	G	E	S	A	O	C
A	T	O	U	N	G	A	R	W	L	C	U	M
E	L	S	O	M	V	O	A	R	A	U	M	Y
E	I	D	S	I	F	U	R	M	A	U	A	D
K	T	E	N	F	G	H	P	M	M	F	A	P
R	T	E	O	H	A	E	O	U	A	L	O	F
U	L	L	Y	L	S	O	I	L	Y	N	D	A
B	E	A	L	E	N	O	S	N	I	B	O	R

Chanson des supporters de l'équipe d'Australie :

_ _ _ _ _ _ _ _   _ _ _ _ _ _ _

VRAI OU FAUX

En 1908, au terme de la première tournée australienne dans l'hémisphère Nord, la presse britannique propose de les surnommer « les Koalas » .... V ☐ F ☐

Les Australiens ont finalement choisi de s'appeler « les Kangourous » .... V ☐ F ☐

Les couleurs de la sélection (jaune et vert) ont été choisies car ce sont les couleurs du mimosa ? .... V ☐ F ☐

La défaite la plus sévère a eu lieu contre la Nouvelle-Zélande .... V ☐ F ☐

Les Australiens ont joué 4 finales de Coupe du Monde .... V ☐ F ☐

L'adversaire qui les a sortis le plus souvent est l'Angleterre .... V ☐ F ☐

DÉCRYPTEZ LE CAPITAINE

Décryptez tous les chiffres qui caractérisent Michael Hooper, le joueur emblématique de l'équipe d'Australie.

Chaque pictogramme correspond toujours au même chiffre.

Michael Hooper est né en  à Sydney.

Il est international australien depuis 

Il a disputé  Coupes du Monde de Rugby : la première en  où il joue  matchs, marque  points et inscrit  essai. Et la deuxième en , où il marque  points et inscrit  essais.

SOLUTIONS P. 67

FIDJI

LOGIGRILLE

Pour chacun des trois joueurs fidjiens, retrouvez son nombre de capes et l'année de sa première sélection.

Leone Nakarawa a plus de sélections que le joueur qui a commencé en 2005, mais moins que Nicky Little.

Le joueur le plus capé n'a pas commencé en 2008.

	2008	2005	1996	71	66	64
NICKY LITTLE						
LEONE NAKARAWA						
AKAPUSI QERA						
64						
66						
71						

MOTS MÊLÉS

Retrouvez et rayez tous les noms de ces internationaux fidjiens de différentes époques. Les lettres restantes vous donneront le nom de l'entraîneur principal de la sélection entre 2020 et 2023.

N	A	B	O	U	Q	O	R	O	V	V
E	R	L	R	A	V	A	I	V	O	N
N	B	K	A	L	O	U	O	M	K	I
A	A	U	T	L	C	L	A	S	A	U
G	L	N	U	Y	A	T	O	W	R	M
U	E	A	O	V	A	G	A	E	A	O
S	A	M	O	H	T	D	D	W	B	K
A	E	L	T	T	I	L	I	T	A	O
T	A	D	E	W	E	S	U	O	R	B
L	E	D	U	A	E	B	O	T	I	A
E	V	O	T	U	I	S	O	V	A	R

BALE
BARI
BOKO
BOTIA
DAWAI
DEWES
ELDER
GALALA
KALOU
LEDUA
LITTLE
MANU
MATA
MAWI
NABOU
NAGUSA
QORO
RATU
RAVAI
ROUSE
SAU
THOMAS
TUISOVA
VOKA
VOLAVOLA
VOTU
WISE
YATO

L'entraîneur : _ _ _ _   _ _ _ _ _ _

SOLUTIONS P. 67/68

QUIZ

Quel est le surnom de la sélection ?

- O « Les Flying Fidjians »
- O « Les Jumping Fidjians »

Comment s'appelle la la danse rituelle que les joueurs effectuent avant les rencontres internationales ?

- O Le haka
- O Le cibi

Sur les 352 matchs disputés par les Fidji depuis 1924, quel a été leur adversaire le plus fréquent ?

- O Les Tonga
- O L'Australie

Ont-ils déjà battu l'équipe de France ?

- O Oui
- O Non

Combien de fois les Fidji ont-ils atteint les quarts de finale de la Coupe du Monde de Rugby ?

- O 1 fois
- O 2 fois

GÉORGIE

CROISONS-LES

Remplissez la grille à l'aide des indices.
Tous les A, les O et les R sont déjà placés.

HORIZONTALEMENT

2 - Lieu d'une victoire historique en novembre 2022
3 - Affronté à trois reprises en Coupe du Monde de Rugby
8 - Nombre de matchs en Coupe du Monde de Rugby
9 - Ancien international passé par Montpellier et Toulon
10 - Pays contre lequel la Géorgie a obtenu le plus de victoires en match international

VERTICALEMENT

1 - Plus large défaite en Coupe du Monde de Rugby (84-6 en 2003)
2 - Nombre de participations à la Coupe du Monde de Rugby
4 - Plus large victoire en Coupe du Monde de Rugby (30-0 en 2007)
5 - Premier adversaire de la Coupe du Monde de Rugby 2023
6 - Pays contre lequel la Géorgie a marqué le plus de points en match international
7 - Surnom de la sélection

SOLUTIONS P. 68

SYMBOLE

L'équipe nationale de rugby en Géorgie est appelée « les Bordjgalosnebi » et rend hommage au bordgali, un emblème traditionnel. On le retrouve aussi sur les pièces de monnaie et sur les cartes d'identité du pays. Que signifie-t-il dans la mythologie ?

1 - Le Soleil et l'éternité.
2 - La Lune et ses différents aspects.
3 - La force irrésistible.

L'UN OU L'AUTRE

Connaissez-vous l'équipe de la Géorgie ? À chaque fois deux réponses vous sont proposées. À vous de choisir la bonne.

Avant de jouer au rugby, les Géorgiens connaissaient un sport traditionnel assez proche mais très violent, le lelo burti. Le ballon avait-il une forme

- ○ de citrouille
- ○ de chou-fleur

Un très grand nombre de patronymes géorgiens se terminent par « -chvilli ». Que signifie ce suffixe :

- ○ « enfant de… »
- ○ « fabricant de… »

La couleur de leur maillot est bordeaux. Est-ce pour :

- ○ rendre hommage à la viticulture
- ○ rappeler les armoiries de la capitale Tbilissi

Le plus grand stade de Tbilissi porte le nom du plus célèbre des joueurs de rugby du pays :

- ○ Vrai
- ○ Faux

SUDOLETTRES

Remplissez la grille de manière que chaque ligne, chaque colonne et chaque zone de 4x2 contienne toutes les lettres de CHKOIDZE, le talonneur de la sélection depuis 2017.

Z			K		C		
		E					H
D				O			
K		H			E		
		O	E	C		Z	
E				I			
			I	Z	K		E

LES ÉQUIPES QUALIFIÉES

POULE C

PAYS DE GALLES

INTRUS

Parmi ces emblèmes, lequel ne représente pas le pays de Galles ?

- O Le Poireau
- O La Jonquille
- O La Fougère
- O Le Dragon
- O Les Plumes d'autruche

JOUEUR MYSTÈRE

Retrouvez pour chaque mot de 4 lettres la lettre qui manque.

Placez ensuite ces lettres dans l'échelle centrale et vous verrez apparaître le nom d'un joueur célèbre du pays de Galles, le seul à avoir remporté avec l'équipe nationale 8 Tournois des Cinq Nations entre 1969 et 1979, dont 3 Grands Chelems.

	A	T	T	→ 1				
				2 ←	N	O		X
	O	I	N	→ 3				
				4 ←	E		A	N
M	I	D		→ 5				
				6 ←	I	N	C	
A	R		E	→ 7				
				8 ←	S	E	N	

DE L'UN À L'AUTRE

À l'aide des indices, trouvez les mots pour passer de Rhodri JONES à Ryan ELIAS.

J _ _ _ _ E Forêt tropicale
O _ _ _ _ L Doigt de pied
N _ _ _ _ I Foncé
E _ _ _ _ A Maladie cutanée
S _ _ _ _ S Bières irlandaises

SOLUTIONS P. 68

PORTUGAL

SUDOLETTRES

Remplissez la grille de manière que chaque ligne, chaque colonne et chaque zone de 4x2 contienne toutes les lettres de QUEIMADO, un international qui a marqué 100 points pour la sélection entre 1984 et 1994.

	O				U		
			A				M
				I			D
E				O		Q	
I				M			E
M	D			A			
		A				E	
			I		D		

ANAGRAMME

Retrouvez le nom de l'entraîneur français de la sélection portugaise qui se cache derrière cette anagramme :

Esprit Galactique

P_ _ _ _ _ _ L_ _ _ _ _ _ _ _

DE L'UN À L'AUTRE

À l'aide des indices trouvez les mots qui vous permettront de passer de Rodrigo MARTA à Pedro LUCAS.

M_ _ _ _L Psychique
A_ _ _ _U Arbre tropical
R_ _ _ _C Vague brisante
T_ _ _ _A Blessure
A_ _ _ _S Alertes

SOLUTIONS P. 68

DÉCRYPTEZ LE PARCOURS

Décryptez le parcours de l'équipe du Portugal pour se qualifier en Coupe du Monde de Rugby.
Chaque pictogramme correspond toujours au même chiffre.

L'équipe du Portugal en  ne se qualifie pas. C'est  ans plus tard, en , qu'elle participe pour la première fois. Pour cela, elle avait affronté en match de barrage le Maroc, gagnant le match aller par  à , avec le double de points de son adversaire, mais perdant d' seul point le match retour  à . Pour le repêchage qualificatif, elle s'est mesurée à l'Uruguay, gagnant  à  à l'aller, et perdant au match retour avec  points d'écart,  à . Elle s'est qualifiée pour l'édition actuelle de , en arrivant en tête d'un groupe de qualification pour le repêchage comprenant les États-Unis, Hong Kong et le Kenya.

ANGLETERRE

QUIZ

L'Angleterre est la seule nation européenne à avoir remporté la Coupe du Monde de Rugby. En quelle année ?

- O 1995
- O 2003

En quelle année l'Angleterre n'a-t-elle pas atteint la finale ?

- O 1991
- O 1999
- O 2007

Face à qui a-t-elle connu sa plus large défaite ?

- O La Nouvelle-Zélande
- O L'Australie
- O L'Afrique du Sud

Contre qui les Anglais ont-ils obtenu leur plus large victoire en Coupe du Monde de Rugby ?

- O L'Uruguay
- O Le Japon

Quel joueur a marqué le plus de points pour la sélection au cours d'un même match ?

- O Jonny Wilkinson
- O Paul Grayson

CROISONS-LES

Replacez dans la grille 10 joueurs du XV de la Rose. Nous avons déjà placé quelques lettres pour vous aider.

HORIZONTALEMENT

3 - Pilier
4 - Pilier
6 - Ailier
7 - Demi d'ouverture
8 - Centre

VERTICALEMENT

1 - Troisième ligne aile
2 - Troisième ligne aile
3 - Troisième ligne centre
4 - Talonneur
5 - Ailier

MOTS MÊLÉS

Retrouvez et rayez les noms de ces joueurs qui ont porté le maillot de la sélection anglaise à différentes époques. Les lettres restantes vous donneront le nom de l'architecte qui a construit le stade de Twickenham.

ANDREW
ASHTON
BACK
CARE
CATT
CHUTER
COKANA-SIGA
COLE
CORRY
CUETO
DALY
DIXON
DODGE
FARRELL
FODEN
FORD
HALL
HEALEY
HILL
ITOJE
KAY
LUGER
MAY
MOODY
NEARY
PROBYN
REES
REGAN
RODBER
SCOTT
SHAW
TAIT
UBOGU
WEBB
WHEELER
YOUNGS

D	T	A	N	D	R	E	W	M	O	O	D	Y
R	P	T	A	G	I	S	A	N	A	K	O	C
O	F	R	A	R	A	X	E	W	R	C	D	Y
F	C	O	O	C	E	H	O	E	E	A	G	A
A	R	L	D	B	C	T	I	N	R	B	E	M
R	O	L	A	E	Y	O	U	N	G	S	B	C
R	D	I	L	S	N	N	L	H	B	A	A	Y
E	B	H	Y	A	H	L	E	E	C	R	A	H
L	E	D	G	L	H	T	E	A	E	K	E	S
L	R	E	C	U	E	T	O	G	R	A	J	C
I	R	U	G	O	B	U	U	N	L	Y	O	O
S	H	A	W	R	E	L	E	E	H	W	T	T
T	C	C	O	R	R	Y	Y	H	T	A	I	T

Nom de l'architecte :

_ _ _ _ _ _ _ _ _ _   _ _ _ _ _ _

SOLUTIONS P. 68

ARGENTINE

SOLUTIONS P. 68/69

VRAI OU FAUX

En 2007, les Argentins ont réalisé leur meilleure prestation en Coupe du Monde de Rugby.

Ils ont joué le match d'ouverture contre la France et ils l'ont gagné .... V ☐ F ☐

Dans la même poule, ils ont également battu les Gallois .... V ☐ F ☐

Ils ont fini 2es de la poule derrière la France.......... V ☐ F ☐

En quarts, ils battent l'Écosse à Saint-Denis .... V ☐ F ☐

La Fédération argentine de football a déplacé le derby de Buenos Aires entre Boca Juniors et River Plate pour que les supporters puissent regarder le quart de finale des Pumas.......... V ☐ F ☐

En demies, ils s'inclinent contre l'Afrique du Sud. .... V ☐ F ☐

Dans le match pour la 3e place, ils dominent une nouvelle fois la France .... V ☐ F ☐

DÉCRYPTEZ LE CAPITAINE

Décryptez la carrière du joueur argentin de légende, Hugo Porta. Chaque pictogramme correspond toujours au même chiffre.

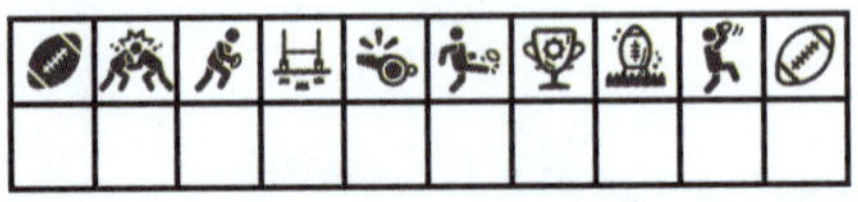

Hugo Porta est né en □□□□ à Buenos Aires.

Appelé à □□ ans en équipe nationale

en □□□□, il en a été le capitaine pendant

□□ ans, de □□□□ à □□□□.

Il mène son équipe à la première Coupe du Monde de Rugby

de □□□□ où il marque □□ points.

□ ans après, en □□□□, il met fin à sa longue

carrière internationale de plus de □□ années,

avec □□ sélections.

MOTS MÊLÉS

Retrouvez et rayez les noms de ces joueurs qui ont porté le maillot de la sélection à différentes époques. Les lettres restantes formeront le nom d'un personnage historique qui aurait pu jouer pour les Pumas.

ALLEN, BORI, BOSCH, BOUZA, BOZZO, CAMARDON, CAPALBO, CASH, CATO, CORLETO, CREXELL, DELGUY, DIP, DURAND, GOMEZ, GRAU, IMHOFF, LEZANA, MADERO, MATERA, MESON, MOREL, MOYANO, PARRA, PAZ, PIERETTO, PIOSSEK, POET, PORTA, SALVAT, SANCHEZ, URE, VARONE, VILA

A	E	R	S	A	N	C	H	E	Z	E	D	A
Z	P	I	O	S	S	E	K	N	R	E	R	L
U	I	I	M	H	O	F	F	U	L	R	C	I
O	C	R	E	X	E	L	L	G	A	O	A	V
B	E	N	O	R	A	V	U	P	R	T	S	E
C	M	Z	L	B	E	Y	D	L	C	A	H	D
M	A	D	E	R	O	T	E	I	A	V	U	U
O	T	M	Z	M	S	T	T	T	P	L	O	R
Y	E	O	A	B	O	Z	Z	O	A	A	G	A
A	R	R	N	R	U	G	E	E	L	S	T	N
N	A	E	A	V	D	T	A	P	B	R	R	D
O	A	L	L	E	N	O	A	N	O	S	E	M
H	C	S	O	B	A	Z	N	P	O	T	A	C

Le nom d'un célèbre révolutionnaire :

_ _ _ _ _ _ _   _ _ _ _ _ _ _

CHILI

ANAGRAMME

Les joueurs chiliens ont un surnom qui leur vient d'un oiseau emblématique des Andes. Voici une anagramme pour découvrir ce surnom.

Colons Dorés

L_ _ C_ _ _ _ _ _ _

SUDOLETTRES

Remplissez la grille de manière que chaque ligne, chaque colonne et chaque zone de 3x3 contienne toutes les lettres du deuxième ligne SARMIENTO.

		I			S	R	N	
S		M			T			
			I					
	S							
			R	O				
N		E				I		
		N		A	M	E		
		A					S	M
			E	R				N

L'UN OU L'AUTRE

Connaissez-vous l'équipe du Chili ? À chaque fois deux réponses vous sont proposées. À vous de choisir la bonne.

Quelle est la tenue officielle du Chili ?

O maillot rouge-short bleu

O maillot bleu-short rouge

C'est la première qualification du Chili en Coupe du Monde de Rugby :

O Vrai O Faux

Pour les qualifications de l'édition 2023, le premier adversaire du Chili en tour préliminaire 1, la Colombie, a déclaré forfait :

O Vrai O Faux

QUIZ SÉLECTIONNEUR

Connaissez-vous le sélectionneur de l'équipe du Chili ? Voici 4 indices pour le retrouver.

1 - Il est d'origine uruguayenne, né en 1975 à Montevideo. Il a été sélectionné dans l'équipe d'Uruguay 48 fois et a participé comme joueur aux éditions de la Coupe du Monde de Rugby de 1999 et 2003.

2 - Il a joué comme pilier en France de 2000 à 2010 (Stade français, US Montauban, Avenir valencien).

3 - Il partage son prénom avec Picasso, mais son nom de famille pourrait être français.

4 - L'anagramme complète de son prénom et de son nom donne : EMPLOI BALNEO.

_ _ _ _ _ _ _ _ _ _ _ _

SOLUTIONS P. 69

JAPON

MOTS MÊLÉS

Retrouvez et rayez les noms de ces joueurs qui ont porté le maillot de la sélection japonaise à différentes époques. Les lettres restantes formeront le surnom qu'elle porte depuis 2006.

ARUGA
BACHOP
ENDO
FIFITA
HELU
HESKETH
HINO
HIRAO
HIWASA
HORIE
ITO
IVES
JI-WON
KISO
KIZU
MAFI
MATSUDA
NAKAO
OHATA
ONO
OTO
SA'U
TUI
TUPOU
USAMI
WAQA
WEBB
WING
YOKOI

O	O	B	I	M	A	S	U	O	M	R
N	S	E	A	D	U	S	T	A	M	A
I	I	A	N	A	T	I	F	I	F	W
H	K	V	R	D	K	I	Z	U	A	E
S	E	V	I	U	O	N	B	Q	H	W
L	U	S	O	S	G	S	A	O	I	E
J	Y	O	K	O	I	A	N	K	W	B
I	U	T	P	E	P	O	H	C	A	B
W	I	N	G	U	T	O	O	M	S	O
O	H	E	L	U	T	H	I	R	A	O
N	E	I	R	O	H	A	T	A	U	S

Le surnom de la sélection japonaise :

_ _ _ _ _   _ _ _ _ _ _ _ _

QUIZ

Comment s'appelait le typhon qui a perturbé le déroulement de la Coupe du Monde de Rugby 2019 ?

- O Hagibis
- O Nock-ten
- O Nargis

Les Japonais étaient dans le groupe A. Quelle équipe ont-ils affronté pour le match d'ouverture ?

- O L'Écosse
- O Les Samoa
- O La Russie

Dans cette poule, quelle équipe les a battus ?

- O L'Écosse
- O L'Irlande
- O Aucune. Les Japonais ont gagné tous leurs matchs de poules

Ils furent éliminés en quarts de finale. Par quelle équipe ?

- O La France
- O L'Afrique du Sud
- O L'Angleterre

Au cours de ce match, les Japonais ont marqué des points une seule fois, à la 19e minute. Était-ce ?

- O Une pénalité
- O Un drop
- O Un essai

SOLUTIONS P. 69

SAMOA

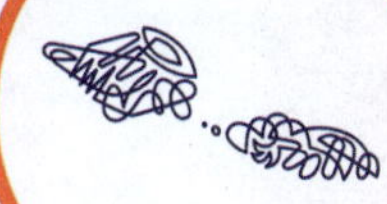

LOGIGRILLE

Pour chacun des quatre internationaux samoans, retrouvez son nombre de sélections et son premier adversaire sous les couleurs nationales. Transcrivez les résultats dans la grille en notant O pour une affirmation et N pour une négation. Reportez ensuite vos déductions dans le tableau pour connaître la solution.

Le joueur qui a débuté contre le Japon a plus de sélections que Census Johnston, mais deux de moins que celui qui a débuté contre le pays de Galles.

Le recordman de sélections n'a pas débuté contre l'Australie et ce n'était pas To'o Vaega.

To'o Vaega a plus de sélections que Semo Sititi, mais moins que celui qui a débuté contre l'Uruguay.

	65	61	59	57	URUGUAY	JAPON	PAYS DE GALLES	AUSTRALIE
CENSUS JOHNSTON								
BRIAN LIMA								
SEMO SITITI								
TO'O VAEGA								
AUSTRALIE								
PAYS DE GALLES								
JAPON								
URUGUAY								

MOTS MÊLÉS

Retrouvez et rayez les noms de ces internationaux samoans de différentes époques. Les lettres restantes formeront le nom du recordman de sélections en équipe nationale.

AH WONG
ALAALATOA
ENARI
FOMAI
IONA
KOKO
LAM
LEE
LEMI
LEO
LEVI
NIUIA
SEIULI
SLADE
SO'OIALO
TAEFU
TEKORI
TIATIA
TUILAGI
TUPAI
UMAGA
VA'A
VAEGA
VILI
VISINIA
VUI

I	B	T	E	K	O	R	I	L	E	O
U	A	I	E	R	I	A	I	U	I	N
V	A	O	L	E	M	I	K	O	K	O
O	V	N	T	T	I	A	T	I	A	A
L	T	A	I	A	A	H	W	O	N	G
A	S	U	L	N	L	I	A	P	U	T
I	E	F	I	I	E	A	L	V	L	A
O	I	O	V	L	V	N	A	A	I	E
O	U	M	A	G	A	E	A	L	M	F
S	L	A	D	E	G	G	L	R	A	U
M	I	I	A	A	I	N	I	S	I	V

Nom du recordman de sélections :

_ _ _ _ _   _ _ _ _

SOLUTIONS P. 69

DOUBLE QUIZ

Vous connaissez bien l'équipe de rugby de Samoa ? Répondez aux questions du quiz et reportez la lettre associée à votre réponse dans les cases ci-dessous. Vous découvrirez le nom de l'île principale où se trouve la capitale Apia. Vous pouvez aussi vous aider du nom de cette île, si vous le connaissez, pour déduire les bonnes réponses au quiz… À vous de jouer !

1	2	3	4	5

1 ***L'équipe effectue elle aussi une danse rituelle avant le match. Comment s'appelle-t-elle ?***

A Le haka
E Le cibi
U Le siva tau

2 ***Combien les îles Samoa comptent-elles de clubs de rugby à XV ?***

R Une douzaine
T Une cinquantaine
P 120 clubs environ

3 ***À combien d'éditions de Coupe du Monde de Rugby les Samoans ont-ils participé ?***

A Toutes (9)
O 8
E 7

4 ***L'équipe est arrivée au mieux en quarts de finale de la Coupe du Monde de Rugby. Combien de fois y est-elle parvenue ?***

S 1
L 2
N 3

5 ***Dans le play-off qualificatif de la zone Océanie, quel adversaire ont-ils affronté ?***

U Tonga
A Fidji
I Îles Cook

LES ÉQUIPES QUALIFIÉES

PAYS MÊLÉS

Associez les boucliers nationaux, aux silhouettes et aux noms des pays qualifiés pour la Coupe du Monde de Rugby 2023.

	AFRIQUE DU SUD	
	ANGLETERRE	
	ARGENTINE	
	AUSTRALIE	
	CHILI	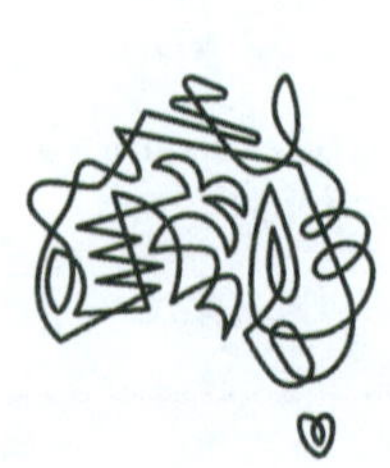

SOLUTIONS P. 69

	ÉCOSSE	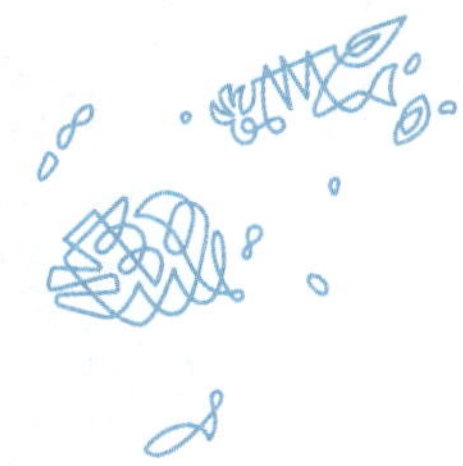
	FIDJI	
	FRANCE	
	GÉORGIE	
	IRLANDE	

LES ÉQUIPES QUALIFIÉES

SOLUTIONS P. 69

	ITALIE	
	JAPON	
	NAMIBIE	
	NOUVELLE-ZÉLANDE	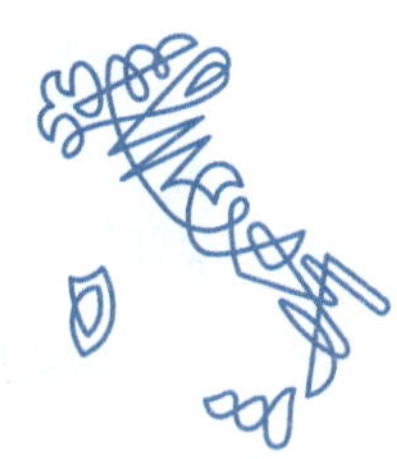
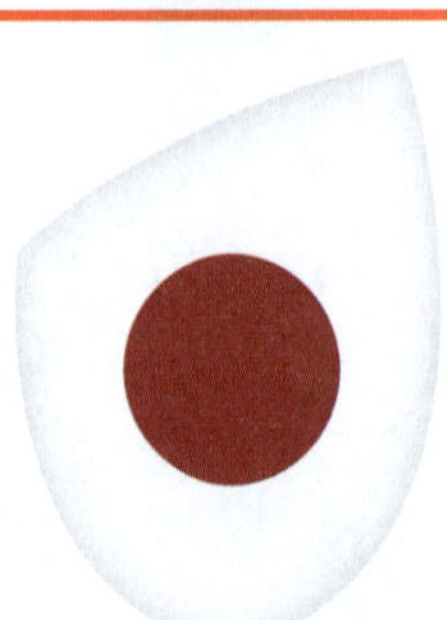	PAYS DE GALLES	

	PORTUGAL	
	ROUMANIE	
	SAMOA	
	TONGA	
	URUGUAY	

3E MI-TEMPS

MOTS MÊLÉS

Retrouvez ces clubs de rugby français célèbres et historiques du Top 14. Les lettres restantes vous donneront le nom de celui qui a dessiné le fameux bouclier de Brennus remis tous les ans au vainqueur du championnat.

AGEN	BOURGOUIN	NIMES
ALBI	BRIVE	PAU
AUCH	CASTRES	PERIGUEUX
AURILLAC	DAX	RACING
BEGLES	LA ROCHELLE	TOULON
BIARRITZ	LYON	
BORDEAUX	NICE	

B	I	A	R	R	I	T	Z	P	I	E
R	R	B	O	U	R	G	O	U	I	N
L	A	R	O	C	H	E	L	L	E	P
S	E	L	G	E	B	E	Y	A	P	E
H	C	U	A	D	C	E	O	U	A	R
C	O	L	S	E	M	I	N	R	U	I
U	B	T	O	U	L	O	N	I	E	G
I	A	G	E	N	B	E	R	L	V	U
B	O	R	D	E	A	U	X	L	I	E
T	D	A	X	G	N	I	C	A	R	U
I	N	S	E	R	T	S	A	C	B	X

Nom du dessinateur du bouclier de Brennus :

_ _ _ _ _ _ _ _ _ _ _ _ _ _ _ _ _

MOT MYSTÈRE

Retrouvez pour chaque mot la lettre qui manque. Placez ensuite ces lettres dans l'échelle centrale et vous verrez apparaître un mot qui caractérise un plaquage spectaculaire.

C R _ N

B R O _

P O U _

_ B R I

R A _ E

O U I _

M I E _

LA VALEUR DU MOT

Quelle est la valeur du mot « STOP », sachant que chaque lettre a une seule valeur, et que chaque mot vaut la somme de ses lettres ?

CERTAIN = 28 _

RACINE = 24 _

ARSENIC = 32 _

SCENARIO = 41 _ _ _ _ _ _ _ _ _ _ _ _ _ _ _ _ _ _ _

PINCERA = 34 _

STOP = _

SUDOLETTRES

Remplissez la grille de manière que chaque ligne, chaque colonne et chaque zone de 3x3 contienne toutes les lettres d'EXPULSION.

		L		X	P			
I		U						
	N						L	X
			I	N				
X		N			L			
	O		S					
	E		X		I	O		P
		P		U				
					E	U		

ANIMAL OU VÉGÉTAL

Pour chacune de ces sélections, dites si leur emblème est un végétal ou un animal ?

La France	VÉGÉTAL	ANIMAL
L'Angleterre	VÉGÉTAL	ANIMAL
La Nouvelle-Zélande	VÉGÉTAL	ANIMAL
L'Afrique du Sud	VÉGÉTAL	ANIMAL
Le pays de Galles	VÉGÉTAL	ANIMAL
L'Écosse	VÉGÉTAL	ANIMAL
L'Argentine	VÉGÉTAL	ANIMAL
Le Chili	VÉGÉTAL	ANIMAL
L'Italie	VÉGÉTAL	ANIMAL

SUDOLETTRES

Remplissez la grille de manière que chaque ligne, chaque colonne et chaque zone de 3x3 contienne toutes les lettres de RUGBYMANS.*

U		R			B			
	S		N		M			U
			Y		G			
M	R						N	G
		A		Y		S		
						Y		
S		B					M	
	A				R	U		

** Le pluriel de rugbyman, peut s'écrire, indifféremment, rugbymans ou rugbymen.*

FAUTE ET SIFFLET

L'arbitre ne laisse passer aucune faute et canalise les joueurs ! Complétez la grille avec des sifflets.

Les chiffres qui se trouvent au-dessus des colonnes et devant les lignes indiquent le nombre de sifflets à placer pour compléter la grille sachant que :

- Il y a autant de sifflets que de fautes.
- Toute case contenant un sifflet est toujours accolée, par ses côtés, à 1 case contenant une faute.
- 2 cases contenant un sifflet ne se touchent jamais ni pas les angles ni par les côtés.

Pour vous aider :
commencez par les plus petits chiffres.

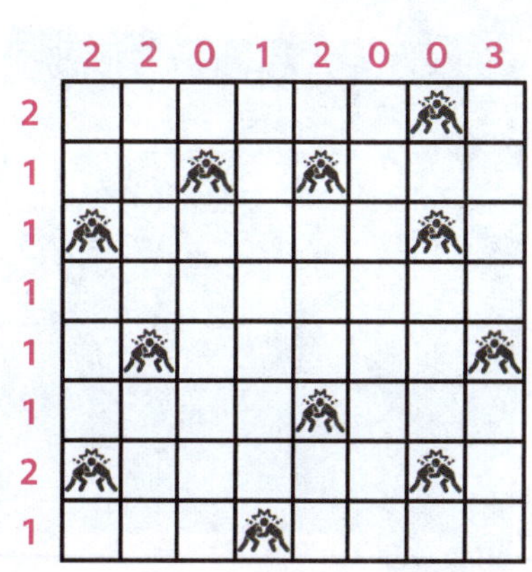

QUIZ

Pour chacune de ces équipes, indiquez si elles seront présentes à la Coupe du Monde de Rugby 2023.

- O Les Diables noirs
- O Les Braves Blossoms
- O Les Loups
- O Les Dragons rouges
- O Les Toucans
- O Les Chênes
- O Les Éléphants
- O Les Wallabies

SOLUTIONS P. 69/70

Pour suivre chaque match avec attention, un petit mémo des règles du jeu, du vocabulaire, des postes et de la façon de marquer des points est bien nécessaire. Êtes-vous un arbitre averti ?

LA TOUCHE

Dans la description de la touche, nous avons remplacé certains mots par leur anagramme. À vous de retrouver le texte d'origine. Attention, souvenez-vous qu'en anglais, les E ne prennent pas d'accent !

Une touche – en anglais : _ _ _ _ _ _ _ (LION TUÉ) – est le nom donné à la _ _ _ _ _ _ (MISÈRE) en jeu _ _ _ _ _ _ _ _ _ _ _ (VITE CONÇUES) à la sortie du ballon par les côtés du _ _ _ _ _ _ _ (RENTRAI).

Elle est _ _ _ _ _ _ _ _ _ _ _ _ (RACE SECTAIRE) par un _ _ _ _ _ _ _ _ _ _ (ENGIN MÉTAL) de _ _ _ _ _ _ _ (SURJOUÉ) des deux équipes.

La touche se _ _ _ _ _ _ _ (STUPIDE) avec au moins deux joueurs de chaque équipe qui _ _ _ _ _ _ _ _ _ _ _ _ (TERNE SERPENT) deux lignes _ _ _ _ _ _ _ _ _ _ _ _ _ _ _ _ (INSCRIRE PEUPLADE) à la ligne de touche.

COMMENT MARQUER DES POINTS ?

Il existe, pour une équipe, plusieurs manières d'engranger des points, avec des actions variées.

Trouvez la combinaison d'actions qui permet d'atteindre le nombre de points suivants.

Pour rappel, les essais valent 5 points, les essais transformés valent 2 points supplémentaires, les drops valent 3 points et les pénalités* valent 3 points.

11 point (1 seule solution)

PÉNALITÉS OU DROPS	ESSAIS NON TRANSFORMÉS	ESSAIS TRANSFORMÉS

20 points (4 solutions)

PÉNALITÉS OU DROPS	ESSAIS NON TRANSFORMÉS	ESSAIS TRANSFORMÉS

**La pénalité, d'une valeur de 3 points, peut-être accordée pour diverses raisons telles qu'une infraction aux règles commise par l'autre équipe, un hors-jeu, une obstruction, de l'anti-jeu, etc. Une pénalité donne la possibilité à un joueur de réaliser un tir au pied. Ce tir doit arriver entre les deux poteaux adverses pour marquer.*

SOLUTIONS P. 70

LA VALEUR DU MOT

Quelle est la valeur du mot « DROP » sachant que chaque lettre a une seule valeur, et que chaque mot vaut la somme de ses lettres ?

PARDI = 26 _

AIR = 13 _

PARI = 21 _

API = 15 _

PAROI = 28 _

DROP = _

MOT MYSTÈRE

Retrouvez pour chaque mot la lettre qui manque.

Placez ensuite ces lettres dans l'échelle centrale et vous verrez apparaître le nom qu'on donne à l'espace par lequel doit passer le ballon introduit dans une mêlée.

_ A C T

S _ I E

L I O _

P A I _

F U _ L

P U L _

DONNEZ LE SCORE

En 1991, à Paris, l'Angleterre a battu la France 10-19 en quart de finale de la Coupe du monde de rugby.

Si le match avait été joué aujourd'hui, avec le décompte actuel des points, quel aurait été le score final ?

Essayez de le faire de tête. Sinon, aidez-vous en notant au fur et à mesure dans les cases.

	FRANCE	ANGLETERRE
À la 19e minute, Webb ouvre le score pour l'Angleterre par une pénalité.		
Il en inscrit une seconde à la 9e minute.		
À la 16e minute, la France réagit avec une pénalité de Lacroix.		
Mais à la 19e, un essai de Underwood est marqué sans être transformé.		
Une autre pénalité de Lacroix remet la France en selle à la 22e.		
Au retour sur le terrain après la mi-temps, Lafond marque un essai qui n'est pas transformé et remet les équipes à égalité.		
Une pénalité de Webb à la 75e refait passer l'Angleterre en tête.		
Un dernier essai anglais à la 80e, transformé par Webb, crucifie l'équipe de France.		

SOLUTIONS P. 70

LE SAVIEZ-VOUS ?

Entre 1886 et aujourd'hui, la valeur d'un essai a beaucoup changé.

Elle est restée à 3 points jusqu'au début des années 1970, puis elle est passée à 4 points. Depuis 1992, l'essai est passé à 5 points.

Le premier essai international à 5 points est inscrit par le Néo-Zélandais Va'aiga Tuigamala le 4 juillet 1992 contre l'Australie.

ATTENTION AUX LIGNES !

Sur ce terrain, replacez les lignes et les espaces repérés par les lettres.

A - ligne de ballon mort B - ligne de but C - ligne des 10 m D - ligne des 22 m
E - en-but F - ligne de touche.

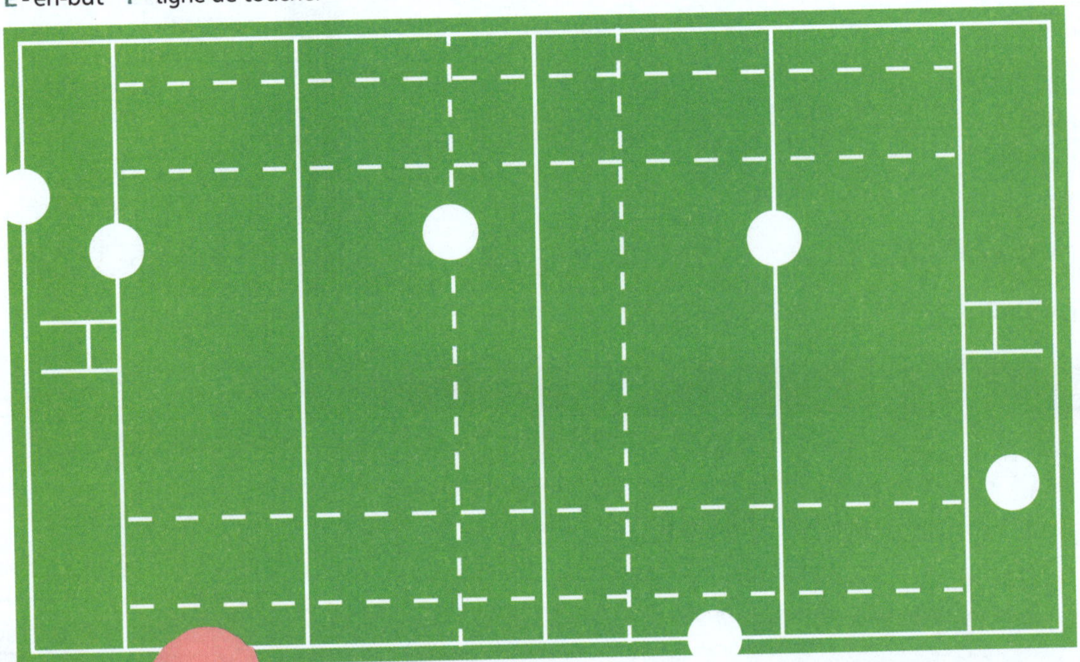

L'UN OU L'AUTRE

Faire une cocotte, c'est…

O Donner une passe à l'aveugle.

O Se regrouper à plusieurs joueurs pour faire avancer le ballon.

Une gazelle, c'est…

O Le surnom donné aux trois-quarts, moins lourds et plus rapides que les avants.

O L'animal fétiche de l'équipe d'Afrique du Sud de rugby à XV.

Faire une cuillère, c'est…

O Porter un coéquipier sur une touche.

O Faire perdre l'équilibre à un adversaire en pleine course en lui attrapant ou bousculant un des pieds avec sa main.

SOLUTIONS P. 70

DOUBLE ÉCHELLE

« No scrum, no win » (« Pas de mêlée, pas de victoire ») : c'est un adage rugbystique bien connu. « Mêlée » se dit donc scrum en anglais.

À l'aide des indices qui vous sont donnés, trouvez 5 noms communs de 5 lettres qui permettent de passer de l'un à l'autre.

S				M	**Il peut être physiologique**
C				E	**Signe de sang-froid**
R				L	**À éviter quand les adversaires poussent en avant**
U				E	**Elle peut trahir le dopage**
M				E	***Pack* en anglais**

L'UN OU L'AUTRE

Un caramel, c'est…

- O Un plaquage spectaculaire.
- O Un essai spectaculaire.

Un frigo, c'est…

- O Une exclusion temporaire de 10 minutes.
- O Un drop de plus de 30 m.

SOLUTIONS P. 70

*La pénalité, d'une valeur de 3 points, peut-être accordée pour diverses raisons telles qu'une infraction aux règles commise par l'autre équipe, un hors-jeu, une obstruction, de l'anti-jeu, etc. Une pénalité donne la possibilité à un joueur de réaliser un tir au pied. Ce tir doit arriver entre les deux poteaux adverses pour marquer.

COMMENT MARQUER DES POINTS ?

Il existe, pour une équipe, plusieurs manières d'engranger des points, avec des actions variées.

Trouvez la combinaison d'actions qui permet d'atteindre le nombre de points suivants.

Pour rappel, les essais valent 5 points, les essais transformés valent 2 points supplémentaires, les drops valent 3 points et les pénalités* valent 3 points.

16 points (2 solutions)

PÉNALITÉS OU DROPS	ESSAIS NON TRANSFORMÉS	ESSAIS TRANSFORMÉS

17 points (3 solutions)

PÉNALITÉS OU DROPS	ESSAIS NON TRANSFORMÉS	ESSAIS TRANSFORMÉS

TROIS-QUARTS AILE OU TROIS-QUARTS CENTRE ?

Voici une série d'affirmations. À vous de dire à chaque fois si elle concerne les trois-quarts aile ou trois-quarts centre, ou les deux.

AFFIRMATIONS	TROIS-QUARTS AILE	TROIS-QUARTS CENTRE
Deux joueurs occupent ce poste		
Plaqueur redoutable		
La vitesse est sa première qualité		
Ils portent les n°s 11 et 14		
Ils portent les n° 12 et 13		
Le roi du changement de direction et d'appui		
Il doit pouvoir enfoncer la ligne de défense adverse		
Il ne touche pas beaucoup de ballons mais peut être décisif		

MOT MYSTÈRE

Retrouvez pour chaque mot la lettre qui manque.

Placez ensuite ces lettres dans l'échelle centrale et vous verrez apparaître un mot qui caractérise un plaquage appuyé.

_ O U E

V _ T E

T R O _

T A L _

R _ U M

H A L _

_ O E L

POSTES EN DÉSORDRE

Vous connaissez bien les différents postes au rugby? Retrouvez-les derrière ces anagrammes. Si vous avez trop de difficulté, piochez dans cette liste:

Talonneur, pilier gauche, pilier droit, ailier droit.

1 - ENROULANT _______________

2 - TIROIR IDEAL _______________

3 - LARGUE CHIPIE _______________

4 - DIRE TRIPOLI _______________

QUIZ EXPRESS

Répondez le plus rapidement possible aux questions suivantes:

Est-ce qu'une équipe peut finir avec un score de 2? .... V ☐ F ☐

Est-ce qu'une équipe peut finir avec un score de 4? .... V ☐ F ☐

Est-ce qu'une équipe peut finir avec un score de 18 sans avoir marqué d'essai? .... V ☐ F ☐

Est-ce qu'une équipe peut finir avec un score de 19 sans avoir marqué d'essai? .... V ☐ F ☐

QUEL NOM?

Voici la description de trois actions. Redonnez à chacune son nom parmi les trois propositions suivantes:

Raffûter, gratter ou nettoyer

1 - Pousser, repousser, voire dégager de force les adversaires sur un ruck ou un regroupement pour libérer et transmettre le ballon dans de bonnes conditions.

----

2 - Récupérer le ballon dans un regroupement au sol de manière régulière et en restant sur ses appuis.

----

3 - Repousser un défenseur du plat de la main pour éviter le plaquage, bras tendu et main ouverte, par le joueur en possession du ballon.

LA VALEUR DU MOT

Quelle est la valeur du mot « PACK » sachant que chaque lettre a une seule valeur, et que chaque mot vaut la somme de ses lettres?

KILOS = 30 _______________________

LOIS = 26 _______________________

COLIS = 29 _______________________

SOCIAL = 31 _______________________

POLIS = 27 _______________________

PACK = _______________________

SOLUTIONS P. 71

TALONNEUR OU SAUTEUR* ?

Voici une série d'affirmations. À vous de dire à chaque fois si elle concerne le talonneur ou le sauteur, ou les deux.

AFFIRMATIONS	TALONNEUR	SAUTEUR*
Il porte le n° 2		
Il fait partie de la deuxième ou de la troisième ligne		
Endurance, force et gros gabarit		
Un leader, fer de lance des avants, très concentré et précis		
Il lance les touches		
Idéalement, il ne mesure pas loin de 2 m et pèse 120 kg		
Il participe aux mêlées		
Il ne doit pas être plus grand que les piliers (environ 1,80 m), avec un poids compris entre 100 et 120 kg		
Il fait partie de la première ligne où il occupe une position centrale		

*Contrairement au talonneur, le sauteur n'est pas un poste de rugby. Le terme désigne les joueurs qui sautent pour attraper les ballons lors d'une touche ou d'un coup de pied de renvoi.

DEMI D'OUVERTURE OU DEMI DE MÊLÉE ?

Voici une série d'affirmations. À vous de dire à chaque fois si elle concerne le demi d'ouverture, le demi de mêlée, ou les deux.

AFFIRMATIONS	DEMI D'OUVERTURE	DEMI DE MÊLÉE
Il porte le n° 9		
Il porte le n° 10		
Il fait partie de la charnière		
Il fait le lien entre les avants et les arrières		
Il oriente le jeu avec des choix tactiques (jeu à la main ou au pied)		
Petit gabarit, en moyenne 1, 75 m pour 85-90 kg		
Il annonce les combinaisons en attaque		
Joueur explosif, agile, stratège et meneur d'hommes		

SOLUTIONS P. 71

SOLUTIONS P. 71

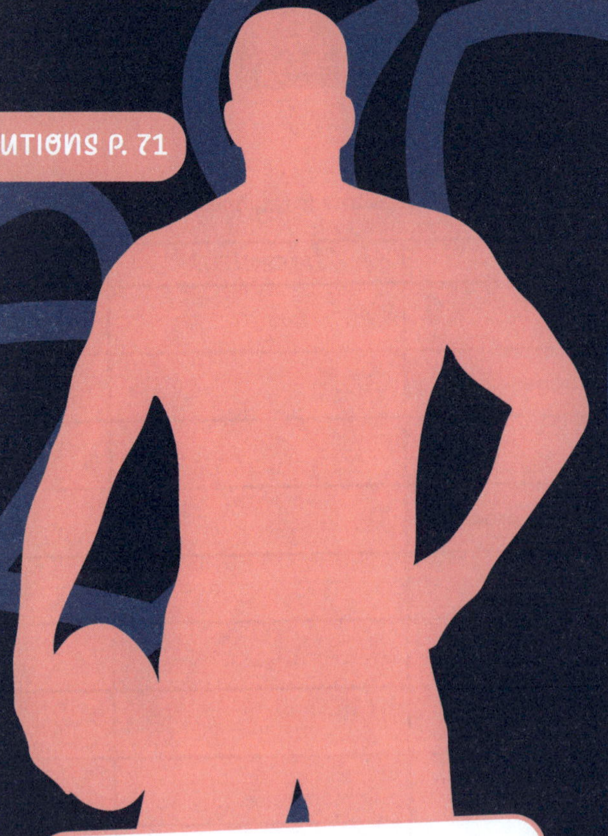

QUEL NOM ?

Voici la description de huit types de passe.
Redonnez à chacune son nom parmi les propositions suivantes :

Chistera, volleyée, vissée, croisée, sautée, à hauteur, au contact, à l'aveugle

1 - Le passeur ne donne pas au premier joueur de la ligne d'attaque mais au deuxième.

----

2 - La trajectoire du receveur et celle du porteur du ballon se croisent au moment de la passe.

----

3 - Le passeur donne un mouvement circulaire au ballon pour garantir une plus grande longueur de passe.

----

4 - La passe se fait sur la même ligne.

----

5 - Malgré une tentative de placage contre lui, le joueur arrive à passer la balle à un de ses partenaires.

----

6 - La passe se fait directement sans contrôle par celui qui vient de la recevoir et la transmet immédiatement.

----

7 - La passe se fait sans même tourner la tête pour ne pas donner d'indication aux adversaires.

----

8 - La passe s'effectue en repliant le bras vers l'arrière, comme à la pelote basque.

MOT MYSTÈRE

Retrouvez pour chaque mot la lettre qui manque.
Placez ensuite ces lettres dans l'échelle centrale et vous verrez apparaître le mouvement typique des trois-quarts aile.

B O U _

V _ A C

G _ L F

C _ T E

C _ A T

_ T U I

A O U _

La mêlée

Dans la description de la mêlée, nous avons remplacé certains mots par leur anagramme.
À vous de retrouver le texte d'origine.

La mêlée est une phase de jeu qui _ _ _ _ _ _ _ _ _ _ (SONNET INCA) une faute mineure ou un _ _ _ _ _ (RATER) de jeu.

Les _ _ _ _ _ _ (SAVANT) de chaque _ _ _ _ _ _ (PIQUÉE) s'_ _ _ _ _ _ _ _ _ _ _ (TRAC OBTENU) et se regroupent en bloc ou pack. Au signal de l'_ _ _ _ _ _ _ (REBÂTIR), les deux _ _ _ _ _ _ _ _ _ (RÉPRIMÉES) lignes s'_ _ _ _ _ _ _ _ _ (TOTEM BENI) épaule contre épaule. Puis les deux blocs se font face et les joueurs luttent pour la _ _ _ _ _ _ _ _ _ _ (SOS ESPIONS) du ballon qui est disputée par les deux _ _ _ _ _ _ _ _ _ _ (ULTRA SONNÉ). La mêlée est dite fermée ou _ _ _ _ _ _ _ _ (NÉON DORÉ).

DONNEZ LE SCORE

En 1987, à Sydney, l'Australie a battu l'Irlande 33-15 en quart de finale de la toute première Coupe du Monde de Rugby.

Si le match avait été joué aujourd'hui, avec le décompte actuel des points, quel aurait été le score final ?

Essayez de le faire de tête. Sinon, aidez-vous en notant au fur et à mesure dans les cases.

	AUSTRALIE	IRLANDE
Dès la 2e minute, Lynagh ouvre le score pour l'Australie grâce à une pénalité.		
Il en inscrit une seconde à la 8e minute.		
À la 14e minute, McIntyre marque un essai pour l'Australie qui est transformé par Lynagh.		
Smith aggrave le score à la 17e par encore un essai, transformé par le même Lynagh.		
Puis Burke réitère un essai à la 22e, toujours transformé par Lynagh.		
En seconde mi-temps, Lynagh, encore lui, marque une pénalité à la 50e.		
L'Irlande réagit avec une pénalité de Kiernan à la 57e.		
Burke marque pour l'Australie un essai à la 66e, transformé par Lynagh.		
L'Irlande se rebiffe avec un essai de MacNeill à la 69e, transformé par Kiernan.		
Ce dernier, à la toute fin du match, à la 80e, inscrit un essai et le transforme.		

DONNEZ LE SCORE

En 1991, à Dublin, l'Australie a battu l'Irlande 19-18 en quart de finale de la Coupe du Monde de Rugby.

Si le match avait été joué aujourd'hui, avec le décompte actuel des points, quel aurait été le score final ?

Essayez de le faire de tête. Sinon, aidez-vous en notant au fur et à mesure dans les cases.

	IRLANDE	AUSTRALIE
A la 17e minute, Campese ouvre le score pour l'Australie grâce à un essai, transformé par Lynagh.		
Keyes marque pour l'Irlande une pénalité à la 26e.		
Le même Keyes inscrit une nouvelle pénalité à la 34e.		
C'est au retour des vestiaires, à la 45e, que Lynagh marque une pénalité pour l'Australie.		
À la 51e, Keyes répond en marquant un drop.		
À la 53e, Campese inscrit son second essai, encore transformé par Lynagh.		
Keyes marque une pénalité pour l'Irlande à la 63e.		
À la 75e, Hamilton marque le premiER ESSai de l'Irlande, transformé par Keyes.		
4 minutes plus tard, l'Australie se rebiffe et Lynagh marque un essai qui n'est pas transformé mais qui lui donne la victoire.		

LES SOLUTIONS

LES ÉDITIONS PRÉCÉDENTES

1987

QUIZ
- Australie et Nouvelle-Zélande.
- Sur invitation.
- Australie et pays de Galles.

DANS L'ORDRE
Michael JONES (Nouvelle-Zélande)

CHASSEZ L'INTRUS
- Benazzi

DANS L'ORDRE
John KIRWAN

1991

LOGIGRILLE

	36-9	30-3	19-13	SAINT-ANDRÉ	SELLA	LAFOND
ROUMANIE		X		X		
FIDJI	X				X	
CANADA			X			X
LAFOND			X			
SELLA	X					
SAINT ANDRÉ		X				

QUIZ
- La France (8 matchs)
- Brive et Agen
- Le pays de Galles
- Londres
- Son premier titre

ANAGRAMME
Serge Blanco

1995

LOGIGRILLE

	42-14	19-15	15-12	FINALE	DEMIES	QUARTS
FRANCE		X			X	
NOUVELLE-ZÉLANDE			X	X		
SAMOA	X					X
QUARTS	X					
DEMIES		X				
FINALE			X			

QUIZ
- Demi-finale
- Aucun
- Le Français Thierry Lacroix avec 112 pts

ANAGRAMME
Olivier Merle

DANS L'ORDRE
Sébastien VIARS

1999

MOTS MÊLÉS

S	A	L	G	E	N	G	A	M	M	I
L	L	I	T	T	L	E	P	A	U	L
L	E	T	R	E	B	R	E	H	S	N
N	A	R	O	H	N	H	I	U	N	S
U	G	R	E	Y	T	M	O	O	E	S
F	H	A	R	R	Y	L	S	D	S	Z
T	F	T	U	S	E	L	A	E	M	E
K	U	O	A	P	I	L	T	O	K	N
E	D	N	R	W	B	S	L	R	D	A
F	O	L	E	Y	O	A	U	I	U	B
U	M	C	O	C	K	B	A	I	N	

Millennium Stadium (Cardiff)

ANAGRAMME
Fabien Pelous

2003

DOUBLE QUIZ
327.
3. La Géorgie, Samoa et l'Uruguay
2. Le pays de Galles
7. 24. (3 drops et 5 pénalités)

MOTS MÊLÉS

P	Y	S	C	O	H	E	N	R	R	T
G	D	M	A	O	L	I	N	U	E	T
I	O	I	O	I	A	N	A	G	K	A
F	O	T	A	B	L	E	G	M	A	C
F	M	H	K	R	T	O	E	A	T	W
I	L	C	T	I	A	W	R	H	I	A
N	O	E	G	I	E	U	G	K	H	H
C	D	A	W	S	O	N	L	R	W	S
K	O	N	T	S	H	G	U	A	W	L
A	R	O	F	F	E	H	I	L	L	A
Y	O	U	N	G	S	Y	K	C	A	B

Prolongations

DANS L'ORDRE
82 957 spectateurs pour la finale Australie-Angleterre au Stadium Australia de Sydney.
8. Jonny Wilkinson (113 points)
2. Frédéric Michalak (103 points)
9. Elton Flatley (100 points)
5. Leon McDonald (75 points)
7. Chris Paterson (71 points)

2007

LOGIGRILLE

	64-15	59-7	36-0	30-25	SAINT-DENIS	PARIS	MONTPELLIER	LENS
SAMOA		X				X		
ANGLETERRE			X		X			
TONGA				X				X
USA	X						X	
LENS				X				
MONTPELLIER	X							
PARIS		X						
SAINT DENIS			X					

ANAGRAMME
Pieter de Villiers

DOUBLE QUIZ
VINCENT CLERC
1. C. L'Argentine
2. L. 13
3. E. La Nouvelle-Zélande
4. R. Cardiff au pays de Galles
5. C. L'Angleterre par un essai de Lewsey à la 2e minute, exactement à la 79e seconde sur une erreur de l'arrière français Damien Traille.

2011

DOUBLE ÉCHELLE

S	I	R	O	P	Pour sucrer l'eau
M	A	F	I	A	Organisation criminelle
I	M	P	E	R	Il faut l'enfiler quand il pleut
T	E	N	O	R	Il chante fort
H	E	V	E	A	Il donne le caoutchouc

JOUEUR MYSTÈRE

WATT	W	
	A	BRAS
RIEN	R	
	B	OBUS
BEAU	U	
	R	HIER
ACTE	T	
	O	LOTO
NERF	N	

ANAGRAMME
Damien Traille

MOTS MÊLÉS

Craig Joubert

2015

CARNAVAL DES JOUEURS FRANÇAIS

LOGIGRILLE

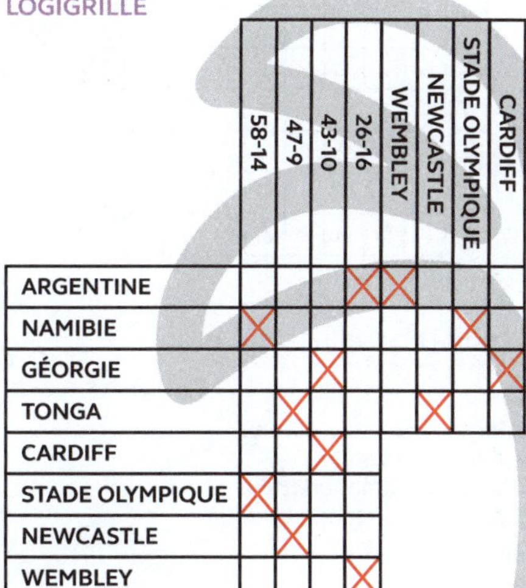

ANAGRAMME

Louis Picamoles

LE BON TOTAL

Nouvelle-Zélande	290
Argentine	250
Afrique du Sud	241
Australie	222

2019

ANAGRAMME

Baptiste Serin

MOTS MÊLÉS

Oita Big Eye. Le stade est surnommé « Big Eye » en raison de sa ressemblance avec un grand oeil vu d'en haut. Son nom officiel du stade japonais est « Oita Stadium ».

MEILLEURS MARQUEURS

Cheslin KOLBE
K. Handré Pollard (69 points)
O. Owen Farrell (58 points)
L. Richie Mo'unga (54 points)
B. Yu Tamura (51 points)
E. Dan Biggar (41 points)

ANAGRAMME

Cobus Reinach

3E MI-TEMPS

FAUTE ET SIFFLET

LA VALEUR DU MOT

HAKA = 23
Explication
PECHAIS – EPICAS = 8 donc H = 8
EPAIS – EPIS = 7 donc A = 7
KEPIS – EPIS = 1 donc K = 1

SUDOLETTRES

T	U	R	A	I	M	S	L	E
S	A	L	U	E	T	R	M	I
M	I	E	L	S	R	A	T	U
E	L	M	S	R	I	U	A	T
U	R	S	T	L	A	E	I	M
I	T	A	E	M	U	L	R	S
A	M	I	R	U	S	T	E	L
L	S	T	M	A	E	I	U	R
R	E	U	I	T	L	M	S	A

LES ACTIONS LÉGENDAIRES

ANAGRAMME

Danie Craven

MOTS MÊLÉS

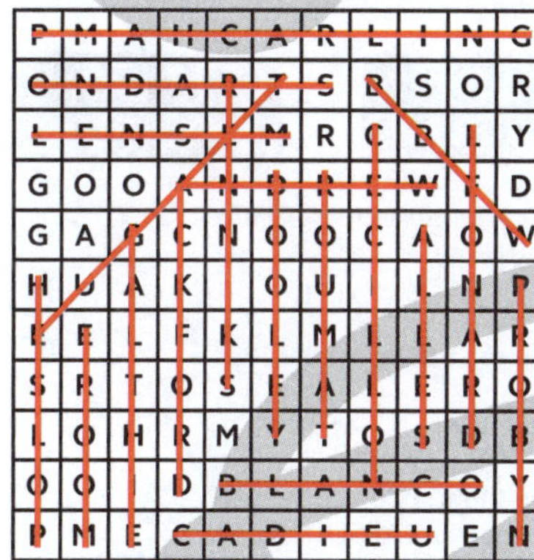

Sorry Good Game

QUIZ

L'Irlande

ANAGRAMME

Morné du Plessis

QUIZ

- En Australie
- 142
- 0
- 22

DÉCRYPTEZ LE JOUEUR DE LÉGENDE

Né en 1972, Keith Wood intègre l'équipe nationale en 1994 à 22 ans. Il a joué son dernier match international contre la France lors de la Coupe du Monde de Rugby 2003. Ancien talonneur, il s'est particulièrement illustré lors de la Coupe du Monde de Rugby 1999, à domicile, lors de la première rencontre opposant l'Irlande aux États-Unis, lorsqu'il marque 4 essais en l'espace de 47 minutes ! En 2001, il a été élu meilleur joueur du monde lors de la création de cette récompense.

MOTS MÊLÉS

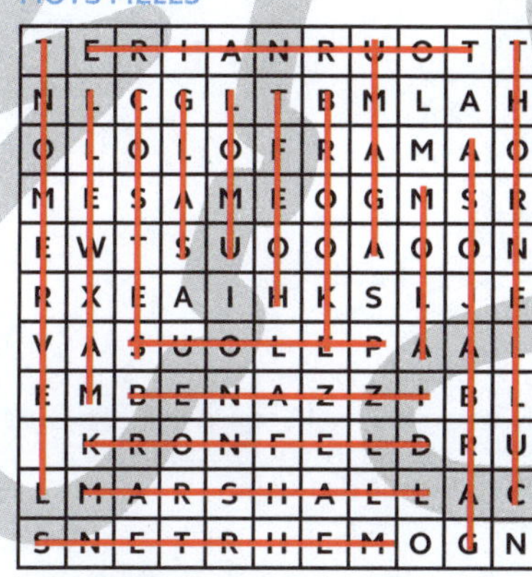

LAMAISON. Il a marqué 1 essai, 4 transformations, 3 pénalités et 2 drops.

LES SOLUTIONS

ANAGRAMME
Beauden Barrett

NOMS MÉLANGÉS

→

E	A	R	E	N
H	O	L	A	S

→

L	E	T	R	L	E
K	I	A	T	N	S

John Eales, Jason Little, Tim Horan et Phil Kearns participèrent à ces deux finales historiques.

QUI L'A SOULEVÉE ?
Coupe du Monde de Rugby 1987 : David Kirk (NZ)
Coupe du Monde de Rugby 1991 : Nick Farr-Jones (AUS)
Coupe du Monde de Rugby 1995 : Francois Pienaar (AFSUD)
Coupe du Monde de Rugby 1999 : John Eales (AUS)
Coupe du Monde de Rugby 2003 : Martin Johnson (ANG)
Coupe du Monde de Rugby 2007 : John Smit (AFSUD)
Coupe du Monde de Rugby 2011 : Richie McCaw (NZ)
Coupe du Monde de Rugby 2015 : Richie McCaw (NZ)
Coupe du Monde de Rugby 2019 : Siya Kolisi (AFSUD)

ANAGRAMME
Josh van der Flier

DÉCRYPTEZ LE JOUEUR DE LÉGENDE

7	0	6	4	2	3	9	8	1	5

Ieuan Evans a tout récemment été élu président de la Fédération galloise en novembre 2022, à moins d'1 an de la Coupe du Monde de Rugby. Mais cet ancien 3-quarts aile, arrivé 3e avec son équipe lors de la première Coupe du Monde de Rugby en 1987 a participé à 3 éditions de cette compétition. Il a été sélectionné 72 fois en équipe nationale, dont 28 fois comme capitaine. Il a mis fin à sa carrière de joueur en 1998 après avoir remporté la Coupe d'Europe.

ANAGRAMME
Sergio Parisse

ANAGRAMME
Kieran Read

LES RECORDS INDIVIDUELS DE LA COUPE DU MONDE DE RUGBY
o 22
o Jonny Wilkinson (277)
o David Campese avec 10 essais. Lomu et Habana ont inscrit 15 essais en Coupe du Monde de Rugby.
o Le Japon
o 45

LA COUPE DU MONDE DE RUGBY 2023

DANS L'ORDRE
50 187 places assises
5. Angleterre-Samoa
0. Angleterre-Chili
1. France-Uruguay
8. Tonga-Roumanie
7. Écosse-Roumanie

QUIZ
o 6, les pays du tournoi des Six Nations.
o Le championnat international d'Europe
o 6
o 2, la Géorgie et la Roumanie.
o 1, le Portugal.
o L'Espagne. Pénalisée de 10 points pour avoir utilisé un joueur sud-africain non éligible pendant sa double confrontation contre les Pays-Bas.

DANS L'ORDRE
LOUBOUTIN
L. Toulouse (33 000)
O. Nantes (35 000)
U. Nice (36 000)
B. Saint-Étienne (41 000)
O. Bordeaux (42 000)
U. Lille (50 000)
T. Lyon (59 000)
I. Marseille (68 000)
N. Saint-Denis (80 000)

QUIZ
o L'Afrique du Sud et l'Irlande.
o L'Italie.
o Frédéric Michalak.

QUIZ
o 38 cm
o Argent plaqué or
o La coupe de l'America
o Champion. Sur la coupe figure l'inscription : International Rugby Football Board - The Webb Ellis Cup
o Sur le socle
o Bill. En anglais, Bill est le diminutif de William, le prénom de Webb Ellis

DANS L'ORDRE
MENTON dans les Alpes-Maritimes.
M. Angleterre (2,5 millions)
E. France (300 000)
N. Japon (122 000)
T. Australie (87 000)
O. Pays de Galles (50 000)
N. Géorgie (4 000)

QUIZ
o 4, le Portugal, Hong Kong, les États-Unis et le Kenya
o Aux Émirats arabes unis
o Le Portugal
o Les États-Unis. Ils terminent avec le même nombre de points que les Portugais mais avec un moins bon *goal average* (+96 contre +116 aux Portugais)

QUIZ
o Wembley
o Un match de poule entre l'Irlande et la Roumanie
o Australie-Angleterre à Sydney en 2003
o Nouvelle-Zélande-France à Auckland en 1987
o L'édition 2007 en France

LE CASTING DES STADES

Bordeaux - Lille
DANS L'ORDRE
39 876 spectateurs
3. Irlande-Roumanie
9. Pays de Galles-Fidji
8. Samoa-Chili
7. Afrique du Sud-Roumanie
6. Fidji-Géorgie

QUIZ
o Le Nouveau Stade de Bordeaux
o 2015
o Concert d'Indochine (2022)

CROISONS-LES

	1				2					
	U				E					
	R			3	C	H	I	L	I	
	U				O					
	G			4	S	A	M	O	A	
	U				S					
5	A	N	G	L	E	T	E	R	R	E
	Y					O				
		7	F	R	A	N	C	E		
						G				
	8	R	O	U	M	A	N	I	E	
						6				

Lyon - Marseille
DANS L'ORDRE
59 186
5. Pays de Galles-Australie
9. Uruguay-Namibie
1. Nouvelle-Zélande-Italie
8. Nouvelle-Zélande-Uruguay
6. France-Italie

L'UN OU L'AUTRE
Au Parc Olympique lyonnais - NOUVEAU
France-Nouvelle-Zélande en test-match 2017
Saracens-Racing 92 en finale de Champions Cup 2016
Au stade de Gerland - ANCIEN
Nouvelle-Zélande-Portugal en Coupe du Monde de Rugby 2007
Clermont-Leinster en demi-finale de Champions Cup 2017
Concert de Michael Jackson en 1997

CROISONS-LES

Nantes - Nice

DANS L'ORDRE

16-03
1. Irlande-Tonga
6. Argentine-Chili
0. Pays de Galles-Géorgie
3. Japon-Argentine

QUIZ

- La Beaujoire
- L'Argentine (3 fois)
- Les Fidji (en 2010)

DANS L'ORDRE

OGCN (Olympique Gymnaste Club de Nice)
O. Pays de Galles-Portugal
G. Angleterre-Japon
C. Italie-Uruguay
N. Écosse-Tonga

CROISONS-LES

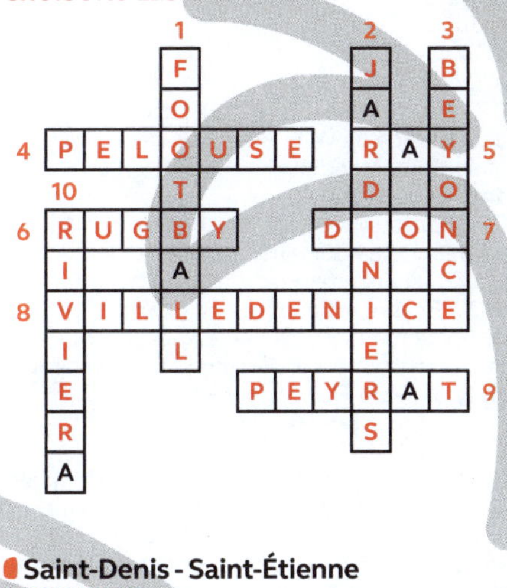

Saint-Denis - Saint-Étienne

LOGIGRILLE

	23 SEPTEMBRE	9 SEPTEMBRE	8 SEPTEMBRE	POULE C	POULE B	POULE A
AFRIQUE DU SUD-IRLANDE	X				X	
AUSTRALIE-GÉORGIE		X		X		
FRANCE-NOUVELLE-ZÉLANDE			X			X
POULE A			X			
POULE B	X					
POULE C		X				

LES BLEUS AU STADE DE FRANCE

- 98 fois
- 65 % (63 victoires sur les 98 matchs disputés)
- Le pays de Galles
- Argentine - Défaite
- Irlande - Victoire
- Angleterre - Défaite

DANS L'ORDRE

77-10 contre les Fidji en 2001
7. Italie – Namibie
7. Australie – Fidji
1. Argentine – Samoa
0. Australie – Portugal

QUIZ

- Le Chaudron
- AS Montferrand

Toulouse

QUIZ

- 1907
- Le RC Toulon
- Rouge et Noir
- 1912
- Cardiff RFC
- Vrai. Victoire contre Bourgoin-Jallieu 12-6
- Faux. La première finale au Stade de France oppose le Stade français à Perpignan

CROISONS-LES

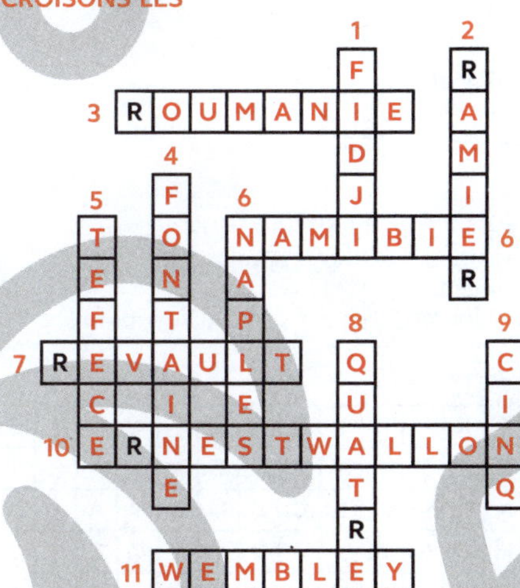

3[E] MI-TEMPS

NOMS MÉLANGÉS

→ C O L D I A C
S A U V E R C

Roger Couderc qui a commenté son dernier match le 19 mars 1983 pour le France-pays de Galles a passé ensuite le témoin à Pierre Salviac.

SUDOLETTRES

K	R	N	G	I	P	S	O	B
S	O	P	R	B	K	G	I	N
G	B	I	S	O	N	K	P	R
P	S	B	K	N	O	R	G	I
R	K	O	P	G	I	B	N	S
I	N	G	B	S	R	P	K	O
O	G	R	I	K	B	N	S	P
N	P	K	O	R	S	I	B	G
B	I	S	N	P	G	O	R	K

MOT MYSTÈRE

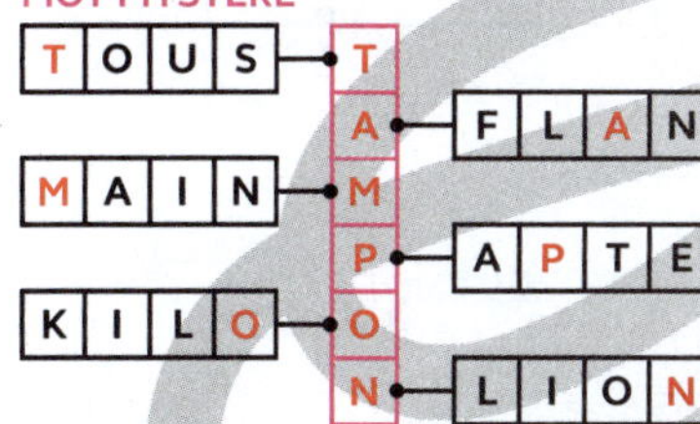

MOTS MÊLÉS

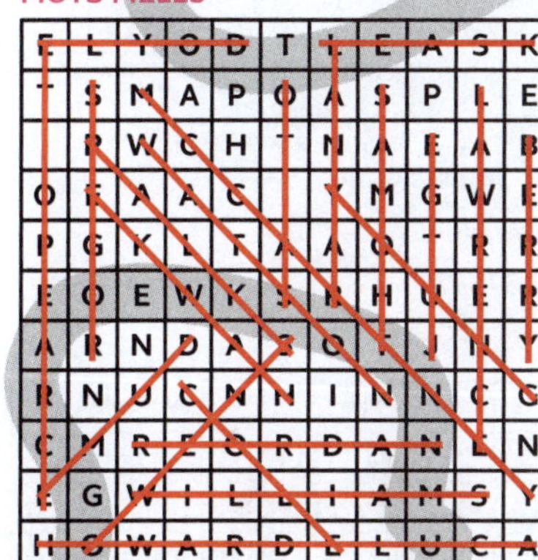

Le sud-africain TAPPE HENNING.

RENVOI AU 22

13	-1	0	10
2	8	7	5
6	4	3	9
1	11	12	-2

LES ÉQUIPES QUALIFIÉES

FRANCE

VRAI OU FAUX

Vrai
Vrai
Faux, contre la Nouvelle-Zélande

SUDOLETTRES

S	O	E	P	I	L	C	M	A
C	I	P	S	A	M	L	O	E
M	L	A	E	C	O	S	I	P
A	P	C	M	S	E	O	L	I
L	E	M	I	O	C	A	P	S
I	S	O	A	L	P	E	C	M
E	C	S	L	P	I	M	A	O
P	M	L	O	E	A	I	S	C
O	A	I	C	M	S	P	E	L

LES SOLUTIONS

CROISONS-LES

ANAGRAMME
Antoine Dupont

NOUVELLE-ZÉLANDE

ANAGRAMME
Dan Carter

LES ALL BLACKS EN COUPE DU MONDE DE RUGBY
○ 4. L'Angleterre, l'Australie, l'Afrique du Sud et la France
○ L'Italie (348 points marqués)
○ La France (122 points encaissés)
○ 126 ○ Jonah Lomu

ANAGRAMME
Colin Meads

MOTS MÊLÉS

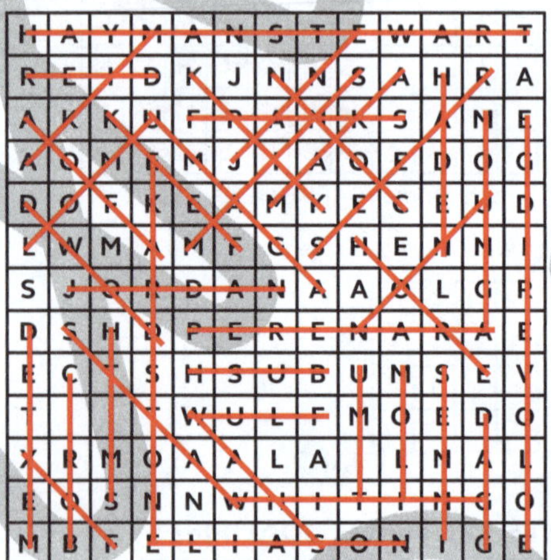

James Allan (1860-1934)

NAMIBIE

JOUEUR MYSTÈRE

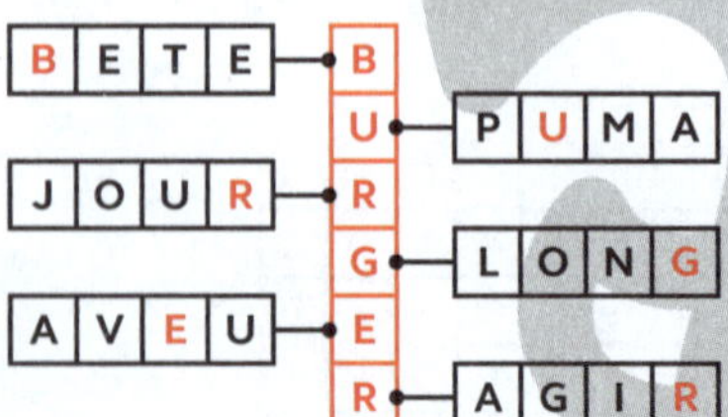

Jacques Burger, joueur de rugby à XV namibien évoluant au poste de troisième ligne aile a compté 38 sélections en équipe de Namibie. Il a pris sa retraite lors de la Coupe du Monde Rugby 2015.

QUIZ
○ L'Afrique du Sud
○ Le cricket
○ L'Irlande

MOTS MÊLÉS

Aranos Coetzee

VRAI OU FAUX
Faux. Il représente un aigle pêcheur.
Vrai.
Faux. La Namibie et la France se sont rencontrées à 5 reprises.
Vrai.
Vrai.

ITALIE

ANAGRAMME
Santiago Dellapè

QUIZ
○ 9. En 2023, l'Italie disputera la Coupe du Monde de Rugby pour la dixième fois.
○ Aucune.
○ 1 fois en 2015. ○ À cause d'un typhon.

MOTS MÊLÉS

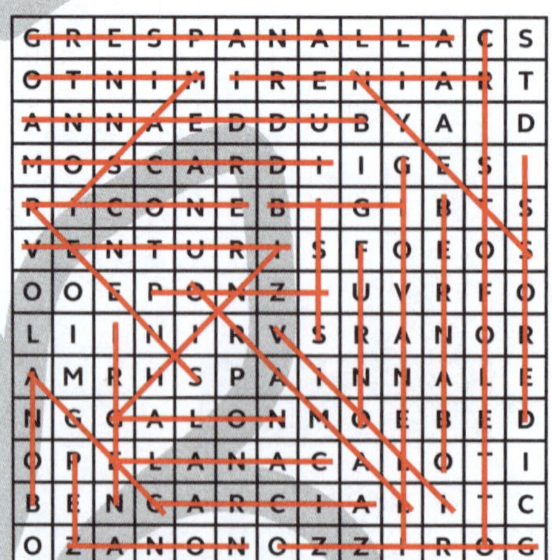

Stadio Olimpico

URUGUAY

DOUBLE ÉCHELLE
Mousse blanchâtre formée à la surface de liquides agités ou chauffés : ECUME
Glisser sur une piste : SKIER
Qui n'a pas ou peu d'éclat : TERNE
Observer secrètement et attentivement : EPIER
Guitare à tessiture grave : BASSE
Contraire de « Avant » : APRES
Instrument d'osier ou de fil de fer servant à prendre du poisson : NASSE

DE L'UN À L'AUTRE
ABORD - REPLI - DELTA - AVION - OMEGA

VRAI OU FAUX
Faux, c'est un vanneau téro, un petit oiseau querelleur des prairies sud-américaines.
Faux, l'Uruguay a participé aux éditions 1999, 2003, 2015 et 2019.
Vrai.
Faux. L'Uruguay était 17e et les Samoa 11es.
Faux. C'était au contraire sa plus large victoire (102-6).

AFRIQUE DU SUD

CROISONS-LES

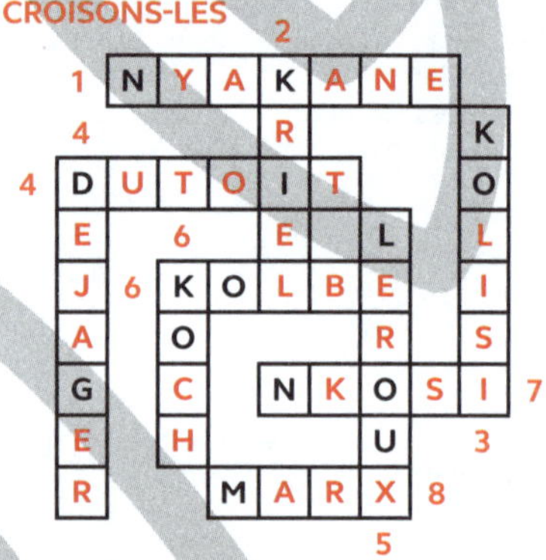

ANAGRAMME
André Venter

QUIZ
15-12
A. 2.
B. 5. *Invictus* (sorti en 2009). Titre d'un poème de W. E. Henley qui a inspiré et soutenu Mandela durant ses longues années de prison.
C. 1. Morgan Freeman a été demandé par Mandela pour jouer son rôle et il était déjà un acteur fétiche d'Eastwood.
D. 2. L'Écosse est éliminée en quarts de finale par la Nouvelle-Zélande. L'Afrique du Sud rencontre et élimine Samoa en quarts de finale et la France en demi-finale.

QUIZ RECORD !
○ 134-3 ! Tonderai Chavhanga, qui commence alors sa carrière internationale lors de ce match, à 21 ans, inscrit 6 essais : un record sud-africain. 56 à 3 était le score à la mi-temps. 74 à 7 était le score de la victoire de l'Australie sur Samoa le même jour.

ÉCOSSE

ANAGRAMME
Murrayfield (stade de)

VRAI OU FAUX
Vrai. En 1991, l'Écosse se classe à la 4e place.
Vrai. L'équipe est éliminée en phase de poules en 2011 et 2019, mais est quart de finaliste en 2007 et 2015.

Faux. Il a détenu le record jusqu'en 2007, mais il a été dépassé à la 28e minute du match Australie-Angleterre par Jonny Wilkinson, demi d'ouverture anglais, en quarts de finale de la Coupe du Monde 2007. Ce dernier détient actuellement le record avec 277 points.

MOTS MÊLÉS

P	N	I	C	O	L	A	K	U	T	P	J	L
E	O	G	Y	E	E	N	A	G	R	O	M	E
T	T	L	A	D	I	C	K	I	N	S	O	N
R	L	A	R	M	H	L	C	E	K	R	S	E
		M	G	E	C	Z	S	R	P	O	G	N
E	M	O	O	R	T	G	A	E	G	R	S	R
T	A	N	M	A	I	P	E	R	L	A	H	O
S	H	T	E	T	R	O	Y	E	L	R	A	H
N	D	F	O	H		P	S	G	C	T	L	E
H	O	O	R	G	E	W	U	S	O	N	L	Y
M	A	G	D	I	W	O	N	M	O	O	A	A
S	E	Y	G	R	D	I	E	R	S	R	N	H
T	A	I	T	W	D	S	C	O	T	T	C	S

Gregor Townsend

QUI EST-CE ?

R	E	C	I	F
O	S	T	E	O
S	U	E	U	R
S	O	U	R	D

IRLANDE

DÉCOR LOGIQUE

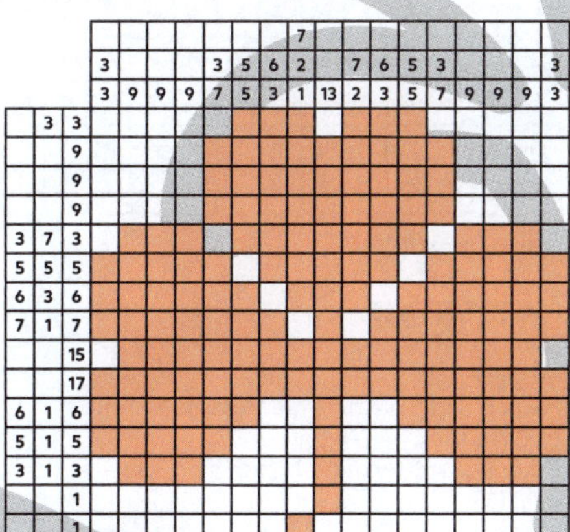

DOUBLE ÉCHELLE

R	A	D	O	U	B	Cale Sèche
O	V	A	L	I	E	Monde du rugby
R	H	E	S	U	S	Groupes sanguins
Y	A	O	U	R	T	Lait fermenté

L'UN, L'AUTRE OU LES DEUX

○ Les deux ! L'équipe d'Irlande est la seule à réunir deux entités politiques différentes, l'Irlande s'étant retrouvée divisée le 6 décembre 1922 alors que l'équipe existait déjà.
○ Maillot vert-short blanc
○ Faux. En 1999, elle a échoué en match de barrage et en 2007 elle n'a pas dépassé le stade des matchs de poules. Par ailleurs, elle n'a jamais dépassé les quarts.
○ Brian O'Driscoll est l'un des meilleurs trois-quarts centre de l'histoire du rugby à XV. Connu sous le surnom de BOD, il a inscrit 46 essais en 133 sélections sous le maillot irlandais. Garry O'Connor est, quant à lui, un footballeur écossais.

ROUMANIE

VRAI OU FAUX

Vrai.
Faux.

MOTS MÊLÉS

A	N	D	L	M	O	T	O	C	Y	U
S	B	A	D	I	U	R	I	A	L	T
A	G	A	M	A	L	O	Z	N	O	
U	S	I	A	L	P	R	P	A	C	M
A	I	T	B	I	R	N	T	E	O	U
N	I	G	R	G	N	U	U	R	S	C
A	I	U	U	A	S	T	S	T	A	O
L	U	G	H	R	T	U	O	E	Y	B
A	T	A		G	U	I	R	P		O
B	A	E	C	O	U	S	L	N	N	B
I	G	N	A	T	R	U	P	A	N	U

Andy Robinson

UN NOM SE CACHE ...

FLORIN VLAICU
1. Italie
2. Steaua
3. Heysel
4. Europe

TONGA

SUDOLETTRES

A	O	L	V	P	U	I	N
P	N	O	A	V	I	L	U
U	L	I	P	N	O	V	A
I	V	N	U	L	A	O	P
N	I	U	L	O	P	A	V
L	A	P	I	U	V	N	O
V	U	A	O	I	N	P	L
O	P	V	N	A	L	U	I

L'UN OU L'AUTRE

○ Les Aigles des mers.
○ 8. En 2023, le Tonga disputera la Coupe du Monde de Rugby pour la neuvième fois.
○ Par des missionnaires, contrairement aux Fidji, où ce sont des soldats.
○ La France.

DE L'UN À L'AUTRE

FAYOT
INOUI
FORUM
IBIZA
TALON
APPUI

AUSTRALIE

MOTS MÊLÉS

O	H	W	K	R	S	M	I	T	H	A	L	R
I	O	S	T	C	H	E	N	A	O	L	Z	E
S	D	C	E	A	X	I	K	E	F	U	T	P
K	G	L	E	N	W	L	R	A	L	U	U	O
I	E	L	U	H	O	N	S	R	N	G	P	O
M	L	R	C	O	I	J	G	E	S	A	O	C
A	T	O	U	N	C	A	R	W	L	C	U	M
E	L	S	O	M	V	C	A	R	A	U	M	Y
E	I	D	S	I	F	U	R	M	A	U	X	D
K	T	E	N	F	G	H	R	K	M	F	A	P
R	T	E	O	H	A	E	O	U	A	L	O	F
U	L	L	Y	L	S	O	I	L	Y	N	D	A
B	E	A	L	E	N	O	S	N	I	B	O	R

Waltzing Matilda

VRAI OU FAUX

Faux. Elle propose « les Lapins ».
Faux. Les Wallabies ».
Vrai.
Faux. Défaite 53-8 face à l'Afrique du Sud en 2008.
Vrai (1991 – 1999 – 2003 – 2015).
Vrai. 4 fois (finale 2003 et quarts 1995, 2007 et 2019).

DÉCRYPTEZ LE CAPITAINE

Décryptez le joueur de légende

0	1	2	5	9

Michael Hooper est né en 1991 à Sydney. Il est international australien depuis 2012. Il a disputé 2 Coupes du Monde de Rugby : la première en 2015, où il joue 5 matchs, marque 5 points et inscrit 1 essai. Et la deuxième en 2019, où il marque 10 points et inscrit 2 essais.

FIDJI

LOGIGRILLE

	2008	2005	1996	71	66	64
NICKY LITTLE			X	X		
LEONE NAKARAWA	X				X	
AKAPUSI QERA		X				X
64		X				
66	X					
71			X			

QUIZ

Les Flying Fidjians.
Le Cibi.
Les Tonga (93 fois).
Oui. Une seule fois, en novembre 2018, au Stade de France 21-14.
2 fois. En 1987 et 2007.

LES SOLUTIONS

MOTS MÊLÉS

N	A	B	O	U	Q	O	R	O	V	V
E	R	L	R	A	V	A	I	V	O	N
N	B	K	A	L	O	U	O	M	K	I
A	A	U	T	L	C	L	A	S	A	U
G	L	N	U	Y	A	T	O	W	R	M
U	E	A	O	V	A	G	A	E	A	O
S	A	M	O	H	T	D	D	W	B	K
A	E	L	T	T	I	L	I	T	A	O
T	A	D	E	W	E	S	U	O	R	B
L	E	D	U	A	E	D	O	T	I	A
E	V	O	T	U	I	S	O	V	A	R

Vern Cotter

GÉORGIE

CROISONS-LES

			1		2							
			A		C	A	R	D	I	F	F	1
			N		I			4				
3	A	R	G	E	N	T	I	N	E		A	
			L		Q			A			U	
	E		E		7			M			S	
	S		T		L		V	I	N	G	T	8
	P		E		E			B			R	
	A		R		L			I			A	
9	G	O	R	G	O	D	Z	E			L	
	N		E		S						I	
	E					R	U	S	S	I	E	10
	6										5	

SYMBOLE

1. Le soleil, ses 7 rayons, mais aussi le cosmos et l'éternité.

L'UN OU L'AUTRE

o De citrouille. C'est le Lelo qui a donné aux joueurs de l'équipe nationale leur surnom : « les Lelos ».

o Enfant de.... Le suffixe «-dze» a le même sens.

o Pour rendre hommage aux vins géorgiens très réputés.

o Faux. Il se nomme « stade Boris-Paichadze », du nom d'un très grand joueur de football qui a joué au Dinamo Tbilissi entre 1936 et 1951.

SUDOLETTRES

Z	H	I	K	E	C	D	O
O	C	E	D	K	Z	I	H
D	E	Z	H	O	I	K	C
C	I	K	O	H	D	E	Z
K	Z	H	C	D	E	O	I
I	D	O	E	C	H	Z	K
E	K	C	Z	I	O	H	D
H	O	D	I	Z	K	C	E

PAYS DE GALLES

INTRUS

La Fougère est l'emblème de la Nouvelle-Zélande.

JOUEUR MYSTÈRE

WATT – W
LOIN – L
MIDI – I
ARME – M

W I L L I A M S

I – NOIX
L – ELAN
A – INCA
S – SENS

DE L'UN À L'AUTRE

JUNGLE
ORTEIL
NOIRCI
ECZÉMA
STOUTS

PORTUGAL

SUDOLETTRES

D	O	M	Q	E	U	I	A
U	E	I	A	D	Q	O	M
A	Q	U	O	I	E	M	D
E	I	D	M	O	A	Q	U
I	A	Q	U	M	O	D	E
M	D	O	E	A	I	U	Q
O	U	A	D	Q	M	E	I
Q	M	E	I	U	D	A	O

ANAGRAMME

Patrice Lagisquet

DE L'UN À L'AUTRE

MENTAL
ACAJOU
RESSAC
TRAUMA
AGILES

DÉCRYPTEZ LE PARCOURS

0	1	5	3	9	2	6	7	8	4

L'équipe du Portugal en 2003 ne se qualifie pas. C'est 4 ans plus tard, en 2007, qu'elle participe pour la première fois. Pour cela, elle a affronté en match de barrage le Maroc, gagnant le match aller par 10 à 5, avec le double de points de son adversaire, mais perdant d'1 seul point le match retour 15 à 16. Pour le repêchage qualificatif, elle s'est mesurée à l'Uruguay, gagnant 12 à 5 à l'aller, et perdant au match retour avec 6 points d'écart, 12 à 18. Elle s'est qualifiée pour l'édition actuelle de 2023, en arrivant en tête d'un groupe de qualification pour le repêchage comprenant les États-Unis, Hong Kong et le Kenya.

ANGLETERRE

QUIZ

o 2003.
o 1999.
o L'Afrique du Sud (36-0 en 2007).
o Uruguay (111-13 en 2003).
o Paul Grayson (en 1999, 36 points marqués lors d'une victoire 101-10 contre les Tonga).

CROISONS-LES

			1						2	
	3		C						L	
3	S	T	U	A	R	T			A	
	I		R		4		5		W	
	M		R		G	E	N	G	E	4
6	M	A	Y		E		O		S	
	O				O		W			
	N	7	F	A	R	R	E	L	L	
	D				G		L			
8	S	L	A	D	E		L			

MOTS MÊLÉS

D	T	A	N	D	R	E	W	M	O	O	D	Y
R	R	T	A	G	I	S	A	N	A	K	O	C
O	F	R	A	R	A	X	E	W	R	C	D	Y
F	C	O	O	C	E	H	O	E	E	A	G	A
A	R	L	D	B	C	T	I	N	R	E	E	M
R	O	L	A	E	Y	O	U	N	G	S	B	C
R	D	I	L	S	N	N	L	H	B	A	A	Y
E	B	H	Y	A	H	L	E	E	C	R	A	H
L	E	D	G	L	H	T	E	A	E	K	E	S
L	R	E	C	U	E	T	O	G	R	A	J	C
I	R	U	G	O	B	U	U	N	L	Y	O	O
S	H	A	W	R	E	L	E	E	H	W	T	T
T	C	C	O	R	R	Y	Y	H	T	A	T	T

Archibald Leitch

ARGENTINE

VRAI OU FAUX

Vrai (17-12).
Faux (ils ont battu la Géorgie, la Namibie et l'Irlande).
Faux (ils ont terminé 1ers de la poule).
Vrai (19-13).
Vrai.
Vrai (37-13).
Vrai (34-10).

DÉCRYPTEZ LE CAPITAINE

8	1	9	5	7	3	4	2	6	0

Hugo Porta est né en 1951 à Buenos Aires. Appelé à 20 ans en équipe nationale en 1971, il en a été le capitaine pendant 13 ans, de 1977 à 1990. Il mène son équipe à la première Coupe du Monde de Rugby de 1987 où il marque 33 points. 3 ans après, en 1990, il met fin à sa carrière internationale de plus de 19 années, avec 58 sélections.

MOTS MÊLÉS

A	E	R	S	A	N	C	H	E	Z	E	D	A
Z	R	I	O	S	S	E	K	N	R	E	R	L
U	I	I	M	H	O	F	F	U	L	R	C	I
O	C	R	E	X	E	L	L	G	A	O	A	V
B	E	N	O	R	A	V	U	P	X	T	S	E
C	M	Z	L	B	E	Y	D	L	C	A	H	D
M	A	D	E	R	O	T	E	I	A	Y	U	U
O	T	M	Z	M	S	T	T	T	R	I	O	R
Y	E	O	A	B	G	Z	Z	S	A	A	G	A
A	R	R	N	P	U	G	E	E	L	S	T	N
N	A	E	A	V	D	T	A	P	B	R	R	D
O	A	L	L	E	N	O	A	N	O	S	E	M
H	C	S	O	B	A	Z	N	P	O	T	A	C

Ernesto Guevara. Le célèbre révolutionnaire fut un joueur de rugby dans ses jeunes années. Il joua même en première division argentine avant de renoncer à la carrière sportive à cause de son asthme.

CHILI

ANAGRAMME

LOS CONDORES (Les Condors)

QUIZ SÉLECTIONNEUR

Pablo Lemoine

SUDOLETTRES

E	T	I	A	M	S	R	N	O
S	R	M	O	N	T	A	I	E
A	N	O	I	E	R	S	M	T
O	S	R	M	I	E	N	T	A
I	A	T	R	O	N	M	E	S
N	M	E	T	S	A	I	O	R
T	O	N	S	A	M	E	R	I
R	E	A	N	T	I	O	S	M
M	I	S	E	R	O	T	A	N

L'UN OU L'AUTRE

- Maillot rouge-short bleu.
- Oui.
- Oui, pour cause de Covid.

JAPON

MOTS MÊLÉS

O	O	B	I	M	A	S	U	O	M	R
N	S	E	A	D	U	S	T	A	M	A
I	I	A	N	A	T	I	F	I	F	W
H	K	V	P	D	K	I	Z	U	A	E
S	E	V	I	U	O	N	B	Q	H	W
L	U	S	O	S	G	S	A	O	I	E
J	Y	O	K	O	I	A	N	I	W	B
I	U	T	P	E	P	O	H	C	A	B
W	I	N	G	U	T	O	O	M	S	O
O	H	E	L	U	T	N	I	R	A	O
N	E	I	R	O	H	A	T	A	U	S

Brave Blossoms

QUIZ

- Hagibis.
- La Russie (victoire japonaise 30-10).
- Aucune. Les Japonais ont gagné tous leurs matchs de poules.
- L'Afrique du Sud (défaite 3-26).
- Une pénalité.

SAMOA

LOGIGRILLE

	65	61	59	57	URUGUAY	JAPON	PAYS DE GALLES	AUSTRALIE
CENSUS JOHNSTON				X				X
BRIAN LIMA	X				X			
SEMO SITITI			X			X		
TO'O VAEGA		X					X	
AUSTRALIE				X				
PAYS DE GALLES		X						
JAPON			X					
URUGUAY	X							

DOUBLE QUIZ

UPOLU

1. U. Le siva tau. Le haka est la danse de la Nouvelle-Zélande et le cibi celle des Fidji.
2. P. 120 environ pour une population globale de seulement 175 000 habitants.
3. O. 8 : toutes sauf la première en 1987.
4. L. 2 en 1991 et 1995.
5. U. Tonga.

MOTS MÊLÉS

I	B	T	E	K	O	R	I	L	E	O
U	A	I	E	R	I	A	I	U	I	N
V	A	O	L	E	M	I	K	O	K	O
O	V	N	T	T	I	A	T	I	A	A
L	T	A	I	A	A	H	W	O	N	G
A	S	U	L	N	L	I	A	P	U	T
I	E	F	I	T	E	A	L	V	L	A
O	I	O	V	L	V	N	A	A	I	E
O	U	M	A	G	A	L	A	L	M	F
S	E	A	D	E	G	G	L	R	A	U
M	I	I	A	K	I	N	I	S	I	V

Brian LIMA, 65 sélections entre 1991 et 2007

PAYS MÊLÉS

Angleterre →

Afrique du sud →

Argentine →

Australie →

Chili →

Écosse →

Fidji →

France →

Géorgie →

Irlande →

Italie →

Japon →

Namibie →

Nouvelle-Zélande →

Pays de Galles →

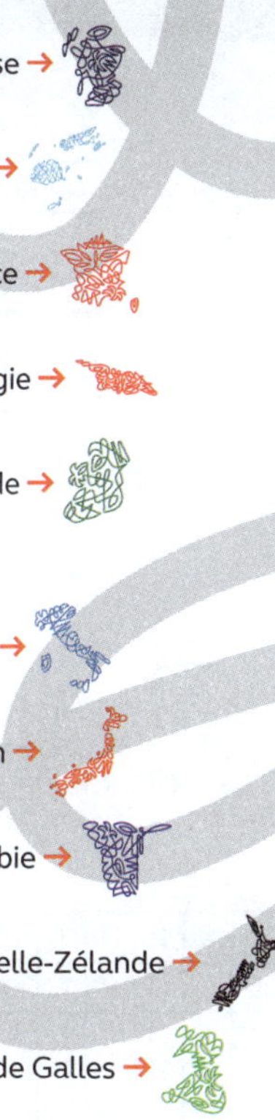

Portugal →

Roumanie →

Samoa →

Tonga →

Uruguay →

3E MI-TEMPS

MOTS MÊLÉS

B	I	A	R	R	I	T	Z	P	I	E
R	R	B	O	U	R	G	O	U	I	N
L	A	R	O	C	H	E	L	L	E	P
S	E	L	G	E	B	E	Y	A	P	E
H	C	U	A	D	C	E	O	U	A	R
C	O	L	S	E	M	I	N	R	U	I
U	B	T	O	U	L	O	N	I	E	G
I	A	G	E	N	B	E	R	L	Y	U
B	O	R	D	E	A	U	X	L	I	E
T	D	A	X	G	N	I	C	A	R	U
I	N	S	E	R	T	S	A	C	B	X

Pierre de Coubertin

LES SOLUTIONS

MOT MYSTÈRE

	C	BROC
CRAN	A	
	R	POUR
ABRI	A	
	M	RAME
OUIE	E	
	L	MIEL

LA VALEUR DU MOT

STOP = 31
Explication
CERTAIN – RACINE = 4 donc T = 4
ARSENIC – RACINE = 8 donc S = 8
SCENARIO – ARSENIC = 9 donc O = 9
PINCERA – RACINE = 10 donc P = 10

SUDOLETTRES

E	S	L	O	X	P	N	I	U
I	X	U	L	S	N	P	E	O
P	N	O	E	I	U	S	L	X
S	U	E	I	N	O	X	P	L
X	P	N	U	E	L	I	O	S
L	O	I	S	P	X	E	U	N
U	E	S	X	L	I	O	N	P
O	I	P	N	U	S	L	X	E
N	L	X	P	O	E	U	S	I

ANIMAL OU VÉGÉTAL

ANIMAL :
France – Coq
Afrique du Sud – Springbok
Argentine – Jaguar (confondu avec un puma par un journaliste, le surnom « Puma » est resté)
Chili – Condor

VÉGÉTAL :
Angleterre – Rose
Nouvelle-Zélande – Fougère
Pays de Galles – Poireau
Écosse – Chardon
Italie - Laurier

SUDOLETTRES

U	Y	R	A	S	B	N	G	M
A	S	G	N	R	M	B	Y	U
B	M	N	Y	U	G	R	S	A
N	B	S	R	G	A	M	U	Y
M	R	Y	S	B	U	A	N	G
G	U	A	M	Y	N	S	R	B
R	G	U	B	M	S	Y	A	N
S	N	B	U	A	Y	G	M	R
Y	A	M	G	N	R	U	B	S

FAUTE ET SIFFLET

QUIZ

- Les Diables noirs (Belgique) NON
- Les Braves Blossoms (Japon) OUI
- Les Loups (Portugal) OUI
- Les Dragons rouges (pays de Galles) OUI
- Les Toucans (Colombie) NON
- Les Chênes (Roumanie) OUI
- Les Éléphants (Côte d'Ivoire) NON
- Les Wallabies (Australie) OUI

CULTURE RUGBY

LA TOUCHE

Une touche-en anglais : LINEOUT-est le nom donné à la REMISE en jeu CONSECUTIVE à la sortie du ballon par les côtés du TERRAIN. Elle est CARACTERISEE par un ALIGNEMENT de JOUEURS des deux équipes. La touche se DISPUTE avec au moins deux joueurs de chaque équipe qui REPRESENTENT deux lignes PERPENDICULAIRES à la ligne de touche.

COMMENT MARQUER DES POINTS ?

11 points (1 seule solution)

PÉNALITÉS OU DROPS	ESSAIS NON TRANSFORMÉS	ESSAIS TRANSFORMÉS
2	1	0

20 points (4 solutions)

PÉNALITÉS OU DROPS	ESSAIS NON TRANSFORMÉS	ESSAIS TRANSFORMÉS
5	1	0
2	0	2
1	2	1
0	4	0

LA VALEUR DU MOT

DROP = 26
Explication
PARDI – PARI = 5 donc D = 5
PAROI – PARI = 7 donc O = 7
PARI – AIR = 8 donc P = 8
PARI – API = 6 donc R = 6

MOT MYSTÈRE

TACT	T	
	U	SUIE
LION	N	
	N	PAIN
FUEL	E	
	L	PULL

DONNEZ LE SCORE

	FRANCE	ANGLETERRE
À la 19ᵉ minute, Webb ouvre le score pour l'Angleterre par une pénalité.	0	3
Il en inscrit une seconde à la 9ᵉ minute.	0	6
À la 16ᵉ minute, la France réagit avec une pénalité de Lacroix.	3	6
Mais à la 19ᵉ, un essai de Underwood est marqué sans être transformé.	3	11
Une autre pénalité de Lacroix remet la France en selle à la 22ᵉ.	6	11
Au retour sur le terrain après la mi-temps, Lafond marque un essai qui n'est pas transformé et remet les équipes à égalité.	11	11
Une pénalité de Webb à la 75ᵉ refait passer l'Angleterre en tête.	11	14
Un dernier essai anglais à la 80ᵉ, transformé par Webb, crucifie l'équipe de France.	11	21

ATTENTION AUX LIGNES !

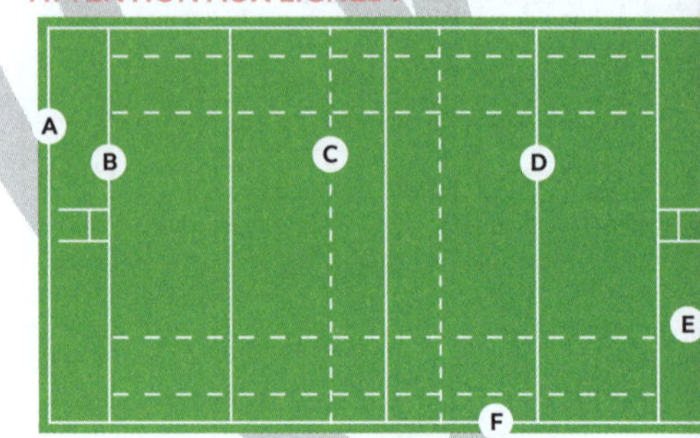

L'UN OU L'AUTRE

- Faire une cocotte, c'est se regrouper à plusieurs joueurs pour faire avancer le ballon.
- Le surnom donné aux trois-quarts, moins lourds et plus rapides que les avants.
- Faire perdre l'équilibre à un adversaire en pleine course en lui attrapant ou bousculant un des pieds avec sa main.

DOUBLE ÉCHELLE

S	E	R	U	M	Il peut être physiologique
C	A	L	M	E	Signe de sang-froid
R	E	C	U	L	À éviter quand les adversaires poussent en avant
U	R	I	N	E	Elle peut trahir le dopage
M	E	U	T	E	Elle court parfois derrière le porteur du ballon

L'UN OU L'AUTRE

- Un caramel, c'est un plaquage spectaculaire.
- Une exclusion temporaire de 10 minutes.

COMMENT MARQUER DES POINTS ?

16 points (2 solutions)

PÉNALITÉS OU DROPS	ESSAIS NON TRANSFORMÉS	ESSAIS TRANSFORMÉS
3	0	1
2	2	0

17 points (3 solutions)

PÉNALITÉS OU DROPS	ESSAIS NON TRANSFORMÉS	ESSAIS TRANSFORMÉS
4	1	0
1	0	2
0	2	1

TROIS-QUARTS AILE OU TROIS-QUARTS CENTRE ?

AFFIRMATIONS	TROIS-QUARTS AILE	TROIS-QUARTS CENTRE
Deux joueurs occupent ce poste	X	X
Plaqueur redoutable		X
La vitesse est sa première qualité	X	
Ils portent les nᵒˢ 11 et 14	X	
Ils portent les nᵒ 12 et 13		X
Le roi du changement de direction et d'appui	X	
Il doit pouvoir enfoncer la ligne de défense adverse		X
Il ne touche pas beaucoup de ballons mais peut être décisif	X	

POSTES EN DÉSORDRE

ENROULANT : talonneur
TIROIR IDEAL : ailier droit
LARGUE CHIPIE : pilier gauche
DIRE TRIPOLI : pilier droit

MOT MYSTÈRE

BOUE → B
VOTE → O
TROU → U
TALC → C
RHUM → H
HALO → O
NOEL → N

BOUCHON

QUIZ EXPRESS

- Faux.
- Faux.
- Vrai, avec 6 pénalités ou drops.
- Faux.

QUEL NOM ?

1. Nettoyer
2. Gratter
3. Raffûter

LA VALEUR DU MOT

PACK = 10
Explication
KILOS – LOIS = 4 donc K = 4
COLIS – LOIS = 3 donc C = 3
SOCIAL – COLIS = 2 donc A = 2
POLIS – LOIS = 1 donc P = 1

TALONNEUR OU SAUTEUR ?

AFFIRMATIONS	TALONNEUR	SAUTEUR
Il porte le n° 2	X	
Il fait partie de la deuxième ou de la troisième ligne		X
Endurance, force et gros gabarit		X
Un leader, fer de lance des avants, très concentré et précis	X	
Il lance les touches	X	
Idéalement, il ne mesure pas loin de 2 m et pèse 120 kg		X
Il participe aux mêlées	X	X
Il ne doit pas être plus grand que les piliers (environ 1,80 m), avec un poids compris entre 100 et 120 kg	X	
Il fait partie de la première ligne où il occupe une position centrale	X	

DEMI D'OUVERTURE OU DEMI DE MÊLÉE ?

AFFIRMATIONS	DEMI D'OUVERTURE	DEMI DE MÊLÉE
Il porte le n° 9		X
Il porte le n° 10	X	
Il fait partie de la charnière	X	X
Il fait le lien entre les avants et les arrières		X
Il oriente le jeu avec des choix tactiques (jeu à la main ou au pied)	X	
Petit gabarit, en moyenne 1,75 m pour 85-90 kg		X
Il annonce les combinaisons en attaque	X	
Joueur explosif, agile, stratège et meneur d'hommes		X

MOT MYSTÈRE

BOUC → C
VRAC → R
GOLF → O
COTE → C
CHAT → H
ETUI → E
AOUT → T

CROCHET

QUEL NOM ?

1. Sautée
2. Croisée
3. Vissée
4. À hauteur
5. Au contact
6. Volleyée
7. À l'aveugle
8. Chistera

LA MÊLÉE

La mêlée est une phase de jeu qui SANCTIONNE une faute mineure ou un ARRÊT de jeu. Les AVANTS de chaque ÉQUIPE s'ARC-BOUTENT et se regroupent en bloc ou pack.
Au signal de l'ARBITRE, les deux PREMIÈRES lignes s'EMBOÎTENT épaule contre épaule. Puis les deux blocs se font face et les joueurs luttent pour la POSSESSION du ballon qui est disputée par les deux TALONNEURS. La mêlée est dite fermée ou ORDONNÉE.

DONNEZ LE SCORE

	AUSTRALIE	IRLANDE
Dès la 2e minute, Lynagh ouvre le score pour l'Australie grâce à une pénalité.	3	0
Il en inscrit une seconde à la 8e minute.	6	0
À la 14e minute, McIntyre marque un essai pour l'Australie qui est transformé par Lynagh.	13	0
Smith aggrave le score à la 17e par encore un essai, transformé par le même Lynagh.	20	0
Puis Burke réitère un essai à la 22e, toujours transformé par Lynagh.	27	0
En seconde mi-temps, Lynagh, encore lui, marque une pénalité à la 50e.	30	0
L'Irlande réagit avec une pénalité de Kiernan à la 57e.	30	3
Burke marque pour l'Australie un essai à la 66e, transformé par Lynagh.	37	3
L'Irlande se rebiffe avec un essai de MacNeill à la 69e, transformé par Kiernan.	37	10
Ce dernier, à la toute fin du match, à la 80e, inscrit un essai et le transforme.	37	17

DONNEZ LE SCORE

	IRLANDE	AUSTRALIE
A la 17e minute, Campese ouvre le score pour l'Australie grâce à un essai, transformé par Lynagh.	0	7
Keyes marque pour l'Irlande une pénalité à la 26e.	3	7
Le même Keyes inscrit une nouvelle pénalité à la 34e.	6	7
C'est au retour des vestiaires, à la 45e, que Lynagh marque une pénalité pour l'Australie.	6	10
À la 51e, Keyes répond en marquant un drop.	9	10
À la 53e, Campese inscrit son second essai, encore transformé par Lynagh.	9	17
Keyes marque une pénalité pour l'Irlande à la 63e.	12	17
A la 75e, Hamilton marque le premier essai de l'Irlande, transformé par Keyes.	19	17
4 minutes plus tard, l'Australie se rebiffe et Lynagh marque un essai qui n'est pas transformé mais qui lui donne la victoire.	19	22

Mise en pages : Guillaume Arduré
Rédaction des textes : Yann Caudal et Nicole Masson
Relecture : David Lerozier
Crédits images : TM & © Rugby World Cup Limited 2023 sauf silhouettes de rugbymen ©Shutterstock.

RUGBY
WORLD CUP
FRANCE 2023

OFFICIAL
PRODUCT

Imprimé par L.E.G.O. S.p.A en Italie, mars 2023
Pour le compte des éditions Hachette Livre (éditions Marabout)
58, rue Jean Bleuzen, 92170 Vanves
Dépôt légal : mai 2023
ISBN : 978-2-501-17885-3
3979907

PAPIER CERTIFIÉ